WILLY REICHEL

...sseur honoraire à la Faculté libre des sciences magnétiques de Paris

A TRAVERS LE MONDE

Investigations dans le Domaine

de l'Occultisme

Frédéric GITTLER, Editeur

2, Rue Bonaparte, 2

PARIS

A TRAVERS LE MONDE

—

Investigations dans le Domaine

de l'Occultisme

(Portrait de l'Auteur)

WILLY REICHEL

Professeur honoraire à la Faculté libre des sciences magnétiques de Paris

A TRAVERS LE MONDE

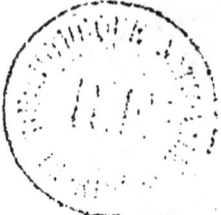

Investigations dans le Domaine

de l'Occultisme

FRÉDÉRIC GITTLER, ÉDITEUR

2, rue Bonaparte, 2

PARIS

1907

(Portrait de l'Auteur)

WILLY REICHEL

Professeur honoraire à la Faculté libre des sciences magnétiques de Paris

A TRAVERS LE MONDE

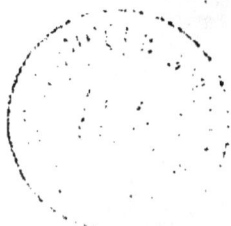

Investigations dans le Domaine de l'Occultisme

FRÉDÉRIC GITTLER, ÉDITEUR
2, rue Bonaparte, 2
PARIS

1907

La présente relation des faits occultes observés par moi durant mes voyages a d'abord été publiée par Oswald Mutze, de Leipzig. Mon désir de la voir paraître également en France est légitimé par les deux raisons suivantes. En premier lieu, la France, à mon avis, tient actuellement la tête du mouvement occultiste ainsi que du mouvement magnétique (mesmérisme), et des savants tels qu'A. de Rochas, Ch. Richet, Flammarion, Sabathier, Maxwell, d'Arsonval, etc., le dirigent dans un sens scientifique exact. Puis, j'ai une dette de reconnaissance à la Société magnétique de France qui m'a nommé le 2 juillet 1898 professeur honoraire à la chaire de thérapeutique magnétique. J'ajouterai que je me suis toujours beaucoup plu en France lors des fréquents séjours que j'y ai faits. C'est cet ensemble de raisons qui justifie mon désir de voir mon livre publié dans ce pays.

Je suis partisan de l'occultisme expérimental dans le sens du professeur Zœllner, de Du Prel et du baron Hellenbach et je suis d'avis que, dans ce siècle où progressent si vite les sciences naturelles, la conviction ne peut s'acquérir que par l'expérimentation.

Je sais bien que la théosophie admet et présuppose les phénomènes du spiritisme, phénomènes que ce dernier considère comme l'objet principal ; mais elle n'accorde son attention qu'à l'éthique, à la philosophie et aux pratiques qui exigent le développement individuel ; nous n'en sommes pas là, à mon avis ! La science officielle conteste toujours encore les bases du spiritisme, c'est-à-dire les phénomènes eux-mêmes ; mais toute contribution nouvelle aide à la construction du vaste édifice.

En ce qui concerne mes descriptions de voyage aux pays lointains, je pense qu'il y a toujours intérêt à entendre les récits d'un témoin oculaire sur des contrées qui comptent parmi les plus belles du monde.

WILLY REICHEL.

Los Angeles, Californie.

Juillet 1906.

A TRAVERS LE MONDE

Investigations dans le Domaine de l'Occultisme

I

Les brutales persécutions que j'ai eu à subir de la part de certains coryphées de la médecine officielle, à cause de mon intervention en faveur du magnétisme animal et du somnambulisme, ont atteint, en 1900, un tel degré d'acuité que, pour reposer mon système nerveux ébranlé, j'ai dû entreprendre une série de voyages, et ainsi j'ai pu trouver l'oubli et continuer mes études. La France, l'Angleterre, l'Italie, l'Afrique et l'Amérique, de l'Atlantique au Pacifique, tous ces pays, je les ai parcourus ; je me propose d'esquisser brièvement ici les impressions nouvelles que m'ont values ces voyages lointains, avec l'espoir que le lecteur bénévole prendra quelque intérêt à mes aventures personnelles et surtout aux phénomènes d'occultisme que j'ai eu l'occasion d'observer.

Je suis âgé de 48 ans, et il est douteux que beaucoup de personnes aient fait d'aussi grands voyages que moi, dès leur première jeunesse. Des maîtres de la chiromancie (ou « palmistrie », comme l'appellent les Anglais et les Américains) et en particulier la célèbre chiromancienne de Paris, Mᵐᵉ de Thèbes, que j'ai visitée deux fois, avaient reconnu déjà, dans les lignes de ma main, une prédestination à des voyages lointains. Agé à peine de vingt ans, j'avais déjà parcouru la Riviera, toute l'Italie, l'Autriche-Hongrie et la Russie, et je me souviens avec bonheur de cette époque, où je lisais sur les ruines de Pompéï l'attrayant roman de Bulwer, « *Les derniers jours de Pompé*" » et son « *Zanoni,* » ouvrage que devrait connaître tout adepte des sciences transcendantales (1).

Je passe sur les quatorze années subséquentes, années de lutte, dont les dix dernières employées à une défense acharnée du magnétisme animal (2). Souvent, durant cette période, je visitai mon lieu de prédilection, Monte-Carlo, ce que je pouvais faire impunément, n'étant pas joueur par principe. Pour celui qui aime la méditation, ce joyau de la nature est, dans toute sa beauté, le lieu qui offre les conditions les plus favorables à la vie contemplative. Que de fois je me suis assis sur un banc, tout en haut du rocher de Monaco : les oliviers, les orangers, les citronniers paraissaient me sourire, pendant que mes pensées s'attachaient longuement à scruter le mystère de la nature humaine. J'allai donc revoir Monte-Carlo et de nouveau se réveillèrent en moi des sentiments que je croyais depuis longtemps éteints. Je visitai ensuite

(1) Voyez « Bulwer occultiste » dans l'œuvre si attachante de G. L. Dankmar ; *Die kulturelle Lage Europas beim Wiedererwachen des modernen Okkultismus* (Leipzig, O. Mutze, 1905, p. 127 et suiv.).

(2) Voyez mon livre ; Willy Reichel ; *Der Heilmagnetismus, seine Beziehungen zum Somnambulismus und Hypnotismus* (Berlin, K. Siegismund, 1896, 3ᵉ édit.).

plusieurs médiums à Nice et à Paris, sans faire aucune constatation qui fût de nature à intéresser le public.

En l'année 1902, qui fut pour moi fertile en manifestations orageuses de l'âme, je me rendis, au mois de janvier, en Egypte. Je m'embarquai à Trieste sur la « Sémiramis «, du Lloyd autrichien, et arrivai au bout de quatre jours à Alexandrie. Une tempête essuyée près des îles Ionniennes et en longeant la Crète, avait ranimé mon esprit fatigué, car j'aime le déchaînement des éléments de la nature et n'éprouve pas le mal de mer ; une traversée trop calme me cause toujours un profond ennui ; malheureusement, Poseidon n'avait pas épargné mon domestique, avec lequel je partageais ma cabine.

D'Alexandrie, on alla au Caire (Grand Hôtel Continental), à Louqsor, Thèbes, Assouan, et à l'île de Phylae, qui appartient à la Nubie. A Eléphantine, île du Nil située en face d'Assouan, je fus assailli par une tempète de sable, car on ne se promène pas impunément sous les palmiers. C'est avec recueillement que je me tins à Thèbes — actuellement un amas de ruines couvertes des sables désertiques — devant les tombes des colossales figures de Ramsès et de Memnon ; les fondements gigantesques du temple de Karnak me rappelèrent, une fois de plus, que tout dans ce monde, même les édifices qui semblent bâtis pour l'éternité, subit le sort de ce qui est transitoire (1). Je n'ai pas à relater ici tout ce

____

(1) Au formidable champ mortuaire de Sakkâra, près de l'antique Memphis, devant les tombes de Ti et de Mera, je regrettai de n'avoir auprès de moi un bon médium à trance ou à incarnation, et ce regret persista pendant que je remontai et descendis le Nil en bateau, en passant devant les anciens foyers de civilisation que furent Denderah, Edfou, Komombo, Esneh.

qui m'advint dans cette « Babylone » qu'est le Caire et près des pyramides de Gizeh. L'Orient est si différent de l'Occident, et mon esprit avait tant besoin de changement ! Les chevauchées à travers le désert, souvent si harassantes par la température de 50° C. qui règne généralement en février, eurent du moins l'avantage de me débarrasser d'un rhumatisme que j'avais apporté d'Europe. Je me liai en outre d'amitié avec un avocat et docteur en droit autrichien dans ce voyage. Il fut pour moi un fidèle compagnon et une grande affection s'établit entre nous ; il est certes bien rare qu'on fasse la rencontre d'une personne avec laquelle on puisse s'entendre réellement.

En mars, je m'embarquai à Port-Saïd, sur le « Preussen », un vapeur du Lloyd de l'Allemagne du Nord, revenant de Chine, et qui me ramena, en passant par la Crète, la Sicile, Capri et Naples, en cinq jours à Gênes. Là, m'attendaient des nouvelles m'appelant à Londres. Je passai ainsi des chaleurs tropicales aux glaces du Mont-Cenis pour arriver à Paris et de là traverser la Manche et me rendre à Douvres-Londres. Là aussi je visitai des médiums que m'avait recommandés « Light », mais sans obtenir de résultats dignes d'être notés. En mai et en juin, je fis plusieurs apparitions en Allemagne, jusqu'à ce qu'enfin le 8 juillet arriva le moment, longtemps désiré par moi, de quitter l'Europe pour un temps plus ou moins long et de visiter le Nouveau-Monde. Des circonstances, peu intéressantes pour le lecteur, m'amenèrent à entreprendre la traversée de l'Océan. Le 10 juillet 1902, je montai à Cuxhafen sur le « Fürst Bismarck » de la ligne Hambourg-Amérique et le 18 juillet je débarquai sain et sauf à New-York. J'avais déjà visité bien des ports de mer : Gênes, Trieste, Marseille, Naples, Brindisi, Alexandrie, Port-Saïd, Douvres, Calais, Cherbourg, Hambourg, Kiel, Cronstadt, Saint-Pétersbourg, etc., mais aucun n'atteint le grandiose du port de New-York. Le premier coup d'œil est littéralement écrasant ! M. Hermann Handrich, bien connu des lecteurs des *Psychische Studien* pour sa collaboration et pour son excellent accueil, me reçut très amicalement et me conduisit aussitôt chez un médium à écriture directe. Je suis convaincu de la sincérité de ce médium, d'autant plus qu'aux expériences assista M. Handrich, qui est l'un des connaisseurs les plus autorisés en pratiques médiumiques ; cependant le contenu du message obtenu sur ardoises ne m'en imposa point. Je ne m'attendais pas d'ailleurs à rien de particulier, attendu que je sais par expérience qu'on n'obtient pas grand chose à une première séance, même avec les meilleurs médiums. Il faut de la patience.

Quand j'arrivai à New-York, en juillet, la plupart des médiums étaient à la campagne et M. Handrich m'engagea à visiter le camp des spiritualistes de Lily-Dale. Je partis donc de New-York par le train de nuit, passai en ce wagon Pullman si beau et si pratiquement aménagé devant Poughkeepsie, où naquit le voyant Davis, qui m'avait jadis tellement enthousiasmé, puis aux cataractes du Niagara, enfin arrivai le lendemain après midi à Dunkirk, sur le lac Erié, d'où un petit embranchement conduit à Lily-Dale. Mais des pluies violentes avaient miné la ligne, de sorte qu'après une attente de près de six heures à cette petite station, je louai une voiture pour arriver, du moins avant la nuit close, à Lily-Dale.

Il en va autrement là qu'en Europe de la liberté du spiritisme ! Les maisonnettes de bois des médiums sont coquette-

ment assises sur les bords du lac ; il y en a peut-être bien
cinquante de facultés diverses ; devant chaque habitation
une enseigne fait connaître la nature de la médiumité que
possède ou prétend posséder chaque médium ; ici personne
ne gêne les médiums dans l'exercice de leur profession ; au
contraire, les étrangers affluent de toutes parts et recherchent
le médium qu'ils supposent le plus apte à les satisfaire. Je
puis dire que je fus accueilli là de la façon la plus aimable, à
quoi a pu contribuer cette circonstance que mon nom n'y
était pas inconnu ; j'ai effectivement beaucoup écrit pour les
feuilles américaines depuis des années. Je visitai maint médium à trance, à incarnations et à matérialisations. Je n'ai
guère obtenu de résultats, du moins en ce qui concerne le
problème de l'identité, qui peut-être ne pourra jamais être
indiscutablement démontrée, abstraction faite de la diffi-
culté extrême qu'il y a pour des intelligences étrangères,
dans le cas particulier les Allemands qui me sont proches,
de se mettre rapidement et sans autre forme de procès en
rapport avec des médiums américains, dont les opinions et
les idées sur la vie sont bien différentes à bien des égards.

Chez les médiums « Winans et A. Normann » j'ai vu apparaître, dans l'espace de deux heures, en présence de 30 personnes environ, une douzaine de fantômes matérialisés, grands
et petits, Indiens, Anglais et Américains, dont chacun inter-
pella l'un des assistants, se présentant comme un parent ou
un ami. Je fus appelé à mon tour vers un fantôme, mais il
me fut impossible de reconnaître en lui ce qu'il prétendait
être ; d'une manière générale, la sincérité de ces médiums
me parut très douteuse. Je n'insiste pas sur les détails, car
je n'écris pas de mémoire scientifique, mais une simple relation de voyage. J'ai fait la connaissance, à Lily-Dale, de l'ai-

mable rédacteur du journal qui y est publié, le « *Sunflower*, » un certain « M. Bach, » qui m'engagea fort à faire visite aux « sœurs Bang » à Chicago (654 West Adams), ce que je fis, et je n'eus pas lieu de le regretter !

Mme Bang possède positivement un genre de médiumité tout spécial, tel que je n'avais pas vu le pareil jusqu'alors. On écrit une lettre à une intelligence quelconque avec laquelle on pense se trouver encore en rapport, on y adjoint quelques feuilles blanches pour la réponse et on scelle l'enveloppe qui contient le tout en appliquant un cachet, puis on place cette enveloppe entre deux ardoises sur une table en pleine lumière du jour. Mme Bang s'assied en face, les bras croisés, après avoir placé un encrier et un porte-plume sur les ardoises. On entend alors distinctement le grattement de l'écriture, et des coups frappés annoncent qu'on peut prendre les ardoises. Ma lettre était placée entre elles exactement comme je l'avais mise, avec son cachet intact. J'ouvris l'enveloppe et je trouvai de l'écriture à l'encre sur toutes les feuilles, et cela se produisit en pleine lumière de midi ! Malgré tout mon scepticisme, je ne pus découvrir le moindre indice de fraude ; aussi Mme Bang jouit-elle d'une excellente réputation dans tous les cercles d'initiés.

De Chicago, je résolus de me rendre en Californie, non sans appréhension, car rouler en chemin de fer quatre nuits et trois jours sans interruption, n'est pas dans les goûts de tout le monde. Je pris la ligne la plus directe, celle de l' « Union Pacific ». Rien que des prairies sans bornes, de quoi désespérer ! La solitude la plus navrante à travers l'Illinois, l'Iova, le Nebraska, le Wyoming, la Nevada ! Les Montagnes Rocheuses ne présentent que peu de variété, vu que dans cette direction on ne monte que très insensiblement, jusqu'à ce qu'enfin on atteigne la Sierra Nevada avec ses montagnes de forme bizarre. Enfin voici qu'approche la Californie et la végétation prend un aspect tout nouveau. Je ne séjournai guère à San-Francisco, car je désirais me rendre dans le sud de la Californie. Après 18 heures de voyage, on arrive à Los Angeles. C'est là que Mme Valeska Tœpfer a passé les quatre dernières années de sa vie, J'y parvins le 1er août 1902. C'est une ville relativement nouvelle, mais comme elle se trouve à la jonction des deux lignes du « Southern Pacific « et de la ligne de « Santa-Fé », elle se développa avec une rapidité incroyable, même pour un pays comme l'Amérique. Toutes les plantes tropicales à l'exception du dattier et du bananier, y prospèrent avec une rare magnificence que rehaussent encore d'innombrables colibris.

Là, au pied de la Sierra Nevada, et à une distance de trois quarts d'heure de l'Océan, on trouve un climat bien supérieur à celui de la Riviera, car à cette dernière, la chaleur me devenait insupportable dès le mois d'avril, tandis qu'à Los Angeles la brise maritime se met à souffler dès après midi et que les nuits y sont fraîches. On me fit voir la tombe de Valeska Tœpfer, médium bien connu en Allemagne, au cimetière d'Evergreen ; la pierre tombale très simple portait cette inscription :

VALESKA BARTHOLOWSKA
née le 17 décembre 1841,
morte le 13 février 1898.

Ici repose une mère adorée.

(Cette incription était en langue allemande).

Comme je l'appris, Mme Tœpfer ne vécut à Los Angeles que sous son nom de fille et n'y donna pas de séances. Je n'avais du reste connu ce médium qu'en 1890, avec son mari et ses deux enfants, alors qu'elle avait déjà cinquante ans, et que ses facultés médiumiques se trouvaient affaiblies ; mais mon grand-père, le magnétiseur bien connu, Dr Julius Neuberth, qui mourut le 5 juin 1881 à Friedrichroda, avait obtenu avec elle de meilleurs résultats. Malheureusement, ses deux enfants ne sont pas entrés dans la voie que leur mère aurait désiré leur faire prendre.

J'aurais à m'étendre longuement ici sur les merveilles de la nature dans le sud de la Californie, mais il me manque la plume d'un Ludwig Pietsch. Les Américains m'ont constamment fait le meilleur accueil ; ils sont en général très polis et hospitaliers ; cette constatation suffit. Mais chez eux manque l'art et en particulier la poésie, dont les Allemands sont si fiers et dont l'homme quelque peu instruit se passe difficilement. Celui qui a des aspirations artistiques et scientifiques et a des dispositions à la sentimentalité, ne tardera pas à trouver monotone le merveilleux climat de la Californie. L'esprit, qui cherche une occupation convenable, se trouvera tôt mécontent ! J'ai également visité là divers médiums, — la Californie n'est-elle pas le pays des médiums et des « Magnetic healers » ? Il y existait aussi à ce moment un « Camp-Meeting ». Chez un médium à matérialisation que j'y visitai, M. Brower, je vis au moins huit fantômes dans l'espace d'une heure ; ils étaient tous voilés de blanc, tandis que les figures apparues chez Normann, à Lily-Dale, étaient toutes habillées comme dans la vie ordinaire. Je ne m'explique pas pourquoi les esprits apparaissent autrement à Los Angeles qu'à Lily-Dale.

Cédant à des recommandations pressantes, je visitai en août 1903, le célèbre « Yosemite National Park » et les gros arbres ou « Mariposa Big Trees » du nord de la Californie. La vallée d'Yosemite est située à environ 4.000 pieds au-dessus du niveau de la mer et les montagnes qui la forment, telles que « Clouds' Rest », atteignent une hauteur de 9.912 pieds. Comme pour les Américains il n'y a rien d'impossible, la « Southern Pacific R. R. » a fait construire sur le « Glacier Point « (altitude : 7.201 pieds), qu'on ne peut atteindre qu'à cheval en passant sur des cascades et des précipices vertigineux, un petit hôtel où je passai la nuit. Jamais je n'oublierai la vue qu'on a de là sur ces montagnes à rochers bizarrement découpés. Au bout d'une dizaine d'heures, en descendant de là en chaise de poste, on atteint le « Mariposa Big Tree Grove ». L'aspect de ces antiques géants de la végétation est difficile à décrire. Pour celui que ne les a pas vus, ces arbres de 405 pieds de haut et de 110 pieds de tour paraîtront un mythe. Le professeur David Starr Jordan, de l'Université Stanford, pense que quelques-uns de ces arbres — des Sequoia, famille des Conifères, — sont âgés de plus de 8.000 ans. La pyramide de Cheops, que j'ai vue en Egypte en 1902, a été érigée vers 2.170 avant Jésus-Christ. Un savant a affirmé que ces arbres possédaient déjà une écorce épaisse d'un pied lorsque les cent mille travailleurs de Cheops commencèrent la construction de cette pyramide, qui devait durer trente ans.

De retour dans le sud de la Californie, je me trouvai fin septembre dans la nécessité de me rendre, pour diverses raisons, à San Francisco. Je pris le bateau qui fait en 25 heures le trajet de « Port Los Angeles » (situé à trois quarts d'heure de la ville de Los Angeles) à la capitale de la Californie, sur le grand Océan. Dans ce voyage, nous fûmes constamment escortés par des baleines et des poissons volants. Le rédacteur en chef du *Philosophical Journal*, J. Munsell Chase (le précédent rédacteur, le Dr Newmann, était mort en avril) me donna, sur la demande que je lui avais faite de me mettre en rapport avec des médiums de premier ordre, les adresses de Mme Wermouth (416 Golden Gate Av.), qui devait être un excellent médium à trance, et de C. V. Miller (1.084 Bush-street), réputé le meilleur médium à matérialisations. Mme Wermouth me donna des témoignages suffisants ; elle me dit aussitôt, entre autres, que je possédais une puissance magnétique exceptionnellement considérable et pure ; je ne lui avais fait connaître ni mon nom, ni ma profession. Un autre bon médium à trance et guérisseur, c'est-à-dire susceptible d'établir des diagnostics, c'est Mme S. Seal (1424 Market-street). Et maintenant, parlons de Miller, qui mérite une relation détaillée, attendu que les résultats que j'ai obtenus avec lui dépassent de beaucoup tout ce que j'avais vu jusqu'alors, du moins en ce qui concerne sa médiumité spéciale (1).

M. Miller possède un commerce d'objets d'art japonais et de vieilles peintures dans Geary-Street, 568, et fait la meilleure impression par son air modeste. Depuis peu, il a repris ses séances interrompues plus ou moins longtemps. Je ne lui fis part ni de mon nom, ni de la nature de mes occupations, d'autant mieux qu'il ne m'interrogea même pas sur ce sujet. Le jeudi, 1er octobre 1903, je me rendis à son domicile et y trouvai réunies 25 personnes des deux sexes. Le cabinet était formé par un rideau noir tiré devant un encorbelle-

---

(1) Voyez encore mes articles dans *La Revue Spirite*, août 1904 (Matérialisations), dans *The Harbinger of Light*, Melbourne, n° 416, 1er oct. 1904, puis dans *Le Messager*, Liège, n° 10, 15 décembre 1904, et dans *The Banner of Light*, Boston, n° 20, 7 janvier 1905.

ment avec trois fenêtres donnant directement sur la rue.
Lorsque j'entrai, le rideau était ouvert et je pus tout examiner à loisir. Il était absolument impossible de pénétrer du
dehors, la rue étant parfaitement éclairée par des lanternes
et assez passagère ; on n'aurait pu entrer par les fenêtres, ne
fût-ce qu'à cause des nombreux passants circulant d'une
façon continue dans la rue. Miller engagea tous les assistants
à explorer préalablement l'encorbellement avec soin, et par
ses manières simples et cordiales et son air de parfaite hono-
rabilité fit une impression si favorable sur eux, qu'il ne fut
pas difficile d'obtenir l'harmonie qui est si essentielle dans
les séances de ce genre. Après avoir fait changer de place
quelques personnes, pour mieux harmoniser les fluides, il se
plaça *devant* le rideau, qui fut ouvert aussitôt ; les fantômes
se présentèrent l'un après l'autre, sans même qu'il se trouvât
en trance ; il prenait chacun par la main et lui demandait
son nom qui était aussitôt donné. Après l'apparition du
deuxième fantôme, il dit soudain : « Voici un esprit qui s'appelle (ici un nom bien connu de moi), et il dit que Moppel,
un chien, qui est en vie, pense vivement à vous et garde bien
votre logis. » Voici l'explication du fait : Je possédais, dans
le sud de la Californie, où j'avais séjourné passagèrement,
un chien blanc Alaska, qui m'était très attaché et auquel
j'avais donné le nom de « Moppel ». Aucun des assistants ne
me connaissait ou savait que j'avais résidé dans le sud de la
Californie et avais là un chien du nom de Moppel. Encore
était-ce un nom de chien allemand et Miller ne sait pas un
mot d'allemand ! L'esprit qui me fit cette communication
m'était bien connu, d'après son nom, comme je l'ai dit, et
paraissait être très au courant de mes affaires privées.
Une série d'esprits se présentèrent ainsi, se nommèrent

tout d'abord et appelèrent à eux l'une ou l'autre des personnes présentes et causèrent avec elles ; il y en eut qui demandèrent des personnes non présentes et se retirèrent avec des mots de regret ; M. Miller déclara alors qu'il allait se retirer dans le cabinet, que la force serait ainsi plus grande et que les esprits pourraient aller eux-mêmes auprès des intéressés. Et il en fut ainsi ! Quatre minutes s'étaient à peine écoulées que le rideau s'ouvrit complètement et qu'on vit M. Miller endormi et à ses côtés six fantômes entièrement matérialisés, très nettement visibles, vêtus de blanc et se donnant tous la main. L'un après l'autre, les fantômes sortirent du cabinet, s'approchèrent des assistants et s'entretinrent vivement avec eux ; deux d'entre eux parlaient allemand. Soudain, j'entendis distinctement et dit à haute et intelligible voix un nom que je connaissais fort bien ; cet esprit voulait me parler. Bref, ce sont là choses particulières que je dois taire. Un autre fantôme s'approcha très près de moi et s'inclina ; je le reconnus : le nom qu'il se donna était bien le sien. Presqu'à l'instant même où le dernier fantôme se retira, M. Miller sortit du cabinet. La lumière avait été très suffisante pendant toute la durée de la séance. Un autre phénomène des plus intéressants, ce fut l'apparition d'une boule blanche, comme en mousseline, qui flotta quelque temps *devant* le rideau, descendit ensuite devant les yeux de tous et, au bout de deux minutes à peine, se transforma en une figure d'esprit (1).

---

(1) Au sujet de ce même phénomène, dont le développement exigea seulement un temps plus long, nous avons une relation de Mᵐᵉ d'Espérance dans son ouvrage *Im Reich der Schatten* (Dans le royaume des ombres) (Berlin, Karl Siegismund, 1901, p. 201). Voyez aussi *Uebersinnliche Welt* (Berlin, Max Rahn, 1900, p. 67) : puis Russel Wallace ; *Eine Verteidigung des modernen Spiritualismus* (Défense du Spiritualisme moderne) (Leipzig, O. Mutze, 1875, p. 23), et Mary Karadja ; *Spiritistische Phænomene* (Phénomènes spirites) (Leipzig, M. Spohr, p. 15 et suiv.).

Les dématérialisations se font généralement très visibles devant le rideau. Je ne puis que dire : « j'ai beaucoup vu dans le cours de nombreuses années, mais jamais encore rien de pareil, et n'ai qu'un regret, c'est que l'Allemagne ne possède pas un semblable médium. » Malheureusement je dus repartir en voyage, mais j'espérai revoir M. Miller dans un avenir assez rapproché. Dans le numéro d'avril de *Psych. Studien* de 1903 (p. 243) j'ai trouvé après coup une notice sur M. Miller ; il y a une note du professeur Maier qui dans l'espèce avait raison. A cette époque Miller ne se faisait pas lier et je pense, comme R. Seithel sen. (*Psych. Studien*, 1900, p. 578), que l'application de liens est un moyen de contrôle peu humain et que les phénomènes sont également inattaquables avec ou sans liens. Dans cette séance si intéressante j'ai simplement observé et relaté par écrit exactement ce que j'avais vu et entendu ; j'ai soigneusement exploré le cabinet avant et après la séance, j'ai presque toujours vu Miller en même temps que le fantôme et n'ai point remarqué d'appareils, de corps lumineux pouvant servir à une fraude. Cependant le baron de Hellenbach a raison quand il dit : (*Vorurteile der Menschheit*, Préjugés humains, 1re Edit. Mutze, Leipzig, III, p. 239) : « Il existe un scepticisme, qui peut dépasser en imbécillité la foi du charbonnier qu'a un paysan de la montagne. »

En décembre 1903, je fis un court séjour à San Diego, la dernière ville du côté de la frontière mexicaine ; le « Coronado-Hôtel », situé là sur le littoral (Coronado Beach), est le point le plus remarquable des côtes du sud de la Californie. Près de San Diego (à une heure et demie de voiture de cette ville), au Point Loma, les théosophes ont construit un magnifique couvent, d'où l'on embrasse en un splendide panorama l'Océan Pacifique, la baie de San Diego et la montagne mexi.

caine. En hiver, lorsque la chaleur est quelque peu diminuée,
tout y croît dans toute la splendeur des couleurs tropicales.
Le merveilleux Bignonia et le superbe Bongainvillea, avec
leurs milliers d'inflorescences jaune-rouge et bleues, grimpent
autour de chaque maisonnette pour ainsi dire ; ces maisonnettes sont construites en bois, comme dans presque toute la
Californie, à cause de la fréquence des tremblements de terre.
Dans ce couvent la théosophie est enseignée suivant le doctrine de Mme Blavatzky. Le couvent s'appelle « Point Loma
Home-Stead, » et il n'est pas nécessaire d'être théosophe
pour y être admis, comme dans une station sanitaire, contre
paiement de 3 dollars par jour et au-dessus.

En janvier suivant je fis un bref séjour dans les « San Gabriel Canyons », qui font partie de la Sierra Nevada sud-californienne, et appris à y connaître la difficile profession de mineur. Ici on met en usage, pour extraire l'or, le procédé dit
« drydigging », qui consiste à creuser des bancs de sable, des
collines, des montagnes, etc., et le « Cioting-digging, » procédé ainsi appelé du nom d'un animal, le « Ciot », qu'on rencontre partout dans cette contrée et qui se creuse des ter-
riers. Des lois sévères sont en vigueur dans ces montagnes.
Tout voleur est poursuivi et fusillé sans autre forme de procès.
Le mineur, qui habite une tente, facilement accessible à tous,
travaille pendant le jour dans la mine, et sa tente est généralement pleine de provisions de bouche, qu'il faut amener de
très loin à cheval. Chacun peut en prendre, mais il doit y
laisser un billet indiquant qui il est et ce qu'il a pris ; autrement « vite à cheval » et on part à sa poursuite, et alors malheur à lui ! Je me trouvai très bien pendant l'hiver dans ces
montagnes ; presque journellement j'allai à cheval aux mines,
aidai souvent à laver le sable aurifère et trouvai parmi ces

gens des individus fort bien élevés, qui m'offraient librement tout ce qu'ils possédaient (conserves sèches dans des boîtes en fer-blanc et lard rôti). Seul, un Indien dont le dialecte hispano-anglo-indien était difficile à comprendre, se comporta indélicatement, et je dus lui braquer le revolver chargé sous le nez ; il est vrai qu'on m'avait déjà engagé à me méfier de lui. Je me suis souvent rencontré dans différentes parties des Etats-Unis et du Mexique, avec des individus de cette race, mais je les ai presque toujours trouvés animés de dispositions pacifiques.

Le reste du temps, je le passai à pêcher des truites et à chasser. Là, on trouve encore l'ours de Californie et en été un grand nombre de serpents, principalement le serpent à sonnette. La température de janvier, dans ces montagnes, est à peu près celle du mois de mai en Allemagne. Souliers ferrés, revolver en poche, bâton ferré, tel était mon équipement ; bien des fois je restais 6 à 8 heures à cheval, traversant des torrents de montagne, ou des crêtes élevées, puis de retour le soir à « Follows Camp », où je logeais, je me faisais du feu dans un petit poêle en fer, car les nuits étaient froides. J'avais avec moi quelques ouvrages de Schopenhauer, de Hellenbach, de Du Prel, et quelques volumes des *Psych. Studien* et de l'*Uebersinnliche Welt*, de sorte que j'avais de quoi occuper mon esprit.

II

Los Angeles est très fréquenté de décembre à fin mars par les malades et les personnes qui veulent se soustraire au froid des états orientaux. Il faut six jours de voyage pour s'y rendre de New-York, mais on est récompensé de la fatigue subie dès qu'on a franchi les Montagnes Rocheuses ; car dans la Californie du sud le climat hivernal est à peu près celui de la Sicile ; seulement la magnificence des fleurs est plus grande en Californie. Aussitôt qu'après une sécheresse de 9 mois, la première pluie tombe en décembre ou en janvier, la végétation devient merveilleuse de splendeur. En même temps que les étrangers, des médiums arrivent en grand nombre, et précisément je m'y rencontrai avec un certain comte Dizara, qui se qualifiait de palmiste et de médium anglo-hindou, membre de l'ancien ordre des occultistes scientifiques et de la société des recherches psychiques d'Amérique, président de l'Institut scientifique Balfour à New-York. Il prétend connaître les secrets des prêtres du Lama et assure qu'il est resté déjà six jours enterré, à l'instar de quelques fakirs hindous. Quoi qu'il en soit c'est un homme fort intéressant. J'écrivis à mon domicile une série de questions, les plaçai dans une enveloppe fermée et me rendis auprès de lui. Son compagnon brûla *devant mes yeux* cette enveloppe dans une seconde pièce, avant de m'introduire auprès de M. Dizara que je n'avais pas encore vu, avec cette remarque que le « professeur » répondrait à ces questions sans que j'eusse à dire un mot. Aussitôt je fus conduit dans une nouvelle pièce et me trouvai devant cet homme extraordinaire, qui me prit par la main gauche, répéta toutes mes questions successivement avec indication exacte des noms propres et fit les réponses, dont j'attends la réalisation prophétique. Je puis affirmer que personne n'a lu mes questions et que l'original fut brûlé devant mes yeux dans une autre pièce. Je ne fais qu'esquisser brièvement tout ce qui m'est advenu, pour échapper au reproche de prolixité ; cependant, après tout ce que j'ai vu et entendu en Amérique, je vois d'un autre œil le livre si discuté de Florence Marryat : « There is no death » (Il n'y a pas de mort). Jusqu'alors, j'avais de mon côté, qualifié cette dame de fantaisiste. Certes Hellenbach a bien raison de dire (1) : « Le public incrédule, soi-disant savant et éclairé, ne veut pas entendre parler d'un ciel ; il saisit toute l'étendue du ridicule qu'il a encouru, lorsque, après avoir accepté l'existence du monde intelligible et reconnu dans le développement de l'homme un résultat de l'adaptation — ce qui est exact — il a commis l'erreur notoire de limiter cette adaptation à la mort et d'admettre, malgré cela, que la faculté d'adaptation est renfermée dans le zoosperme et peut être transmise par hérédité au moyen des éléments physiologiques. «

En janvier 1904, j'habitai quelque temps à l'hôtel La Pintoresca à Pasadena (2), qu'on atteint en trois quarts d'heure en prenant à Los Angeles le tramway électrique. Cette localité est située au pied même de la montagne ; mais je souffris

(1) L. B. Hellenbach ; *Die neuesten Kundgebungen einer intelligiblen Welt* (Wien, 1881, p. 39 ; 2ᵉ édit., O. Mutze, Leipzig, 1889).

(2) A l'occasion d'une visite que je fis à l'école de cette localité, l'institutrice me fit chanter, en ma qualité d'Allemand, la Lorelei par des enfants de 7 à 8 ans, parmi lesquels des nègres, et cela en un allemand absolument correct et sans accent américain.

horriblement de la chaleur ; bien qu'on fût en janvier, le ther-
momètre marquait 24 à 26° Réaumur jusqu'à 3 heures de
l'après-midi, et il ne tombait pas de pluie. J'avais espéré que
je m'acclimaterais graduellement au climat du sud de la Californie, mais je m'y trouvais depuis un an et demi et ne
souffrais pas moins que dans les débuts de mon séjour dans
cette zone subtropicale. Il est certain, et c'est la consolation
que mes connaissances me dispensaient, que l'on peut le
même jour, dans ce pays, faire des boules de neige, cueillir des
roses et prendre un bain de mer ; mais l'on ne peut faire la
navette d'une façon continue. « On atteint Mount Lowe, qui
est un lieu d'excursion des habitants de Los Angeles, en deux
heures environ de voiture ; à ce propos je ferai remarquer
que le système des tramways (Car System.) est de beaucoup
plus parfait en Californie qu'à Berlin par exemple, surtout
en ce qui concerne le confort et la vitesse. La neige couvre les
flancs de la Sierra Nevada, dont on atteint la cîme au moyen
d'un chemin de fer à crémaillère. Au retour, on arrive en une
heure environ à Pasadena qui, en janvier, est un éden de
roses et où, comme à Los Angeles, les plantations d'orangers
et de citroniers (lemon orchards) fournissent des fruits mûrs.
De Pasadena on peut, en passant par Los Angeles, se rendre
en deux heures environ à Santa Monica, Redondo ou Long
Beach (tous trois situés sur le grand océan) et où l'on peut se
baigner en janvier dans la mer libre, ou encore faire une petite traversée jusqu'à Santa Catalina Island, île romantique
analogue à Helgoland ou à Capri (1). Des barques à rames,

(1) J'ai le meilleur souvenir de Capri où, en 1886, je résidai à Pagano. A
cette époque, je n'étais pas encore devenu le pessimiste phénoménal que
je suis maintenant, en opposition avec l'optimiste transcendantal que
j'étais. Ce n'est qu'en 1888 que commença mon expérience de la vie avec
les luttes contre les horreurs du monde.

pourvues d'un plancher de verre, permettent de voir le fond
de la mer, dont la végétation déploie une splendeur fabuleuse, avec des multitudes de poissons dorés et d'autres espèces de poissons s'y jouant. Je n'ai vu de spectacle analogue que dans le lac de Garde, en 1896, et plus tard sur la
route qui longe la mer entre Nice et Villefranche. — J'ai rapporté des montagnes neigeuses des pommes de pin de 42 cen-
timètres de long et j'en ai orné ma chambre. Comme la Californie confine au Mexique, je ne voulus pas négliger de visiter
ce pays, d'autant plus qu'à ce moment j'avais le sentiment
que je serais bientôt contraint de reprendre la direction du
Nord pour changer de climat ; je me mis donc en route le
25 janvier 1904.

Je partis de Los Angeles le lundi et n'arrivai à Mexico que
le vendredi. Durant ce long voyage on passe par l'Arizona, le
Nouveau-Mexique, avec leurs interminables prairies, la station frontière d'El Paso, dans le Texas, où l'on change de
ligne ; encore deux jours et deux nuits à travers des prairies
semblables, avec la vue lointaine, il est vrai, des montagnes
de la Sierra Madre et des Cordillières littorales, et l'on arrive à Mexico. Dans cette ville je descendis à l'hôtel Iturbide.
Là on se sent amplement récompensé des fatigues du voyage.
C'est une cité véritablement ravissante, d'une propreté exquise et admirablement bâtie dans ses nouveaux quartiers.
Tout y est de moitié moins cher qu'aux Etats-Unis ; le climat
y est plus agréable que dans le sud de la Californie ; grâce à
sa situation à 2.227 m. d'altitude, il n'y fait jamais ni trop
chaud ni trop froid. Devant le « présidium », actuellement
habité par le président et qui servit de résidence pendant
près de trois ans à ce pauvre archiduc Maximilien d'Autriche, qui fut fusillé le 19 juin 1867, quand il était empereur

du Mexique, devant le présidium, dis-je, me revint à la mémoire le château de Miramar, si merveilleusement situé près de Trieste, et que je visitai en 1902, lors de mon voyage en Egypte. C'est là qu'une députation mexicaine vint offrir jadis au malheureux Habsbourg la couronne impériale si alléchante : une grande peinture, conservée à Miramar, représente cette scène solennelle. — A partir des régions du moyen Mexique, on voyage sur une étendue de centaines de milles à travers des plantations d'agavés, avec les feuilles épaisses comme le poing desquels les Mexicains préparent leur boisson nationale, la « pulque », sorte de masse blanche sirupeuse qui ne me plut guère. Pour voir un véritable paysage tropical, je résolus de continuer mon voyage jusqu'à Vera-Cruz, sur le golfe du Mexique ; c'était le meilleur moyen de faire connaissance avec les tropiques. Je ne regrettai pas ce voyage ! On m'avait recommandé Orizaba, Jalapa, Puebla. J'avais certainement déjà vu les beautés des régions tropicales dans le sud de l'Egypte et la Nubie et je n'oublierai jamais le ciel étincelant d'étoiles ni les ruines du temple d'Ammon à Karnak, vis-à-vis de l'ancienne Thèbes, pas plus qu'une merveilleuse nuit tropicale passée à Assouan, aux confins du désert libyen ; mais on n'y trouve d'autre végétation que des palmiers et des cactées. En revanche, sur la route de Vera-Cruz je devais voir les forêts tropicales dans toute leur indescriptible magnificence. A Orizaba je restai frappé d'admiration à la vue des plantations de canne à sucre, de café, de tabac (1), et de bananes. C'était le 1er février 1904 ; on coupait précisément les cannes à sucre et les caféiers étaient

(1) Comme je suis fumeur, j'ai pu satisfaire ma passion, la seule que j'ai, à la source même, car c'est là que se trouve la plus grande fabrique de cigares du Mexique.

chargés de fruits. Je ne suis pas assez botaniste pour désigner par leur nom toutes les plantes et tous les arbres que ce climat tropical produit. Ce sont des mimosas, le campêchier, le figuier, le bambou, le palmier, le bignonia, l'acajou (1) et des centaines d'autres espèces, le tout croissant mélangé à l'état sauvage, avec une splendeur qui défie toute description ! Des douzaines de vautours noirs assurent la propreté en dévorant toutes les bêtes qui meurent là ; je les ai vus de mes propres yeux absorber avec avidité le sang de taureaux sacrifiés.

A Jalapa, à Vera-Cruz, sur le golfe du Mexique, même tableau ! Le peuple mexicain *ordinaire* est évidemment peu avancé ; dans la plaine on ne voit que des huttes d'argile analogues aux affreuses constructions argileuses des fellahs du Nil.

Comme mon temps était limité, je ne pus m'occuper de l'état de l'occultisme au Mexique ; il est vrai que Max Hahn a notablement facilité au voyageur la découverte des personnes qui s'en occupent, grâce à sa méritoire publication (2) donnant la liste de presque toutes les sociétés et de tous les journaux d'occultisme du monde, bien qu'aujourd'hui beaucoup des adresses données ne se retrouvent plus dans les pays de langue anglaise et espagnole que j'ai parcourus.

Un fait très intéressant, c'est que j'ai rencontré en Amérique un grand nombre de médiums à trance, qui me dévoilèrent aussitôt — et tout était très exact — les petites infirmités corporelles dont je souffrais. Quand je me reporte

(1) Les fruits d... gre. adier et du Cheri Moya (Cherimolia) possèdent une saveur exquise. ...es ... anes y sont rouges, tandis que celles de la Jamaïque, qu'on ...onsc. ...9 surtout en Amérique, sont jaunes.

(2) *Internatie... ...1e. ...piritualistischer Adress-Almanach*, zusammengestellt von Max Rahn (Berlin) ; *Uebersinnl. Welt*, mars 1895 et numéros suivants.

à l'année 1898, où un médecin juif me dénonça au procureur de Berlin comme ayant posé des diagnostics au moyen de somnambules, ce qui dans le cas particulier n'était même pas vrai, soit dit en passant, j'éprouve un vif sentiment de tristesse de voir l'Allemagne, ma patrie, à ce point en retard sur les autres pays pour tout ce qui concerne le soi-disant occultisme, ou, si l'on préfère, la connaissance des radiations odiques et de la sensitivité (1).

Mme de Thèbes, de Paris, que je visitais pour la première fois en 1900, me dit immédiatement, après avoir regardé les lignes de ma main gauche, que je souffrais de rhumatisme, ce qui était exact. C'était une preuve éclatante de la valeur scientifique de la chiromancie ou « palmistrie », inconnue en Allemagne, du moins dans les cercles soi-disant scientifiques.

Dès 1839, le Dr Frappart a proposé d'utiliser les facultés médicales des somnambules pour expérimenter les doses infiniment petites des médicaments, en ajoutant la remarque que cette « médecine intuitive » renverserait tous les systèmes de médecine (2). Quand viendra le temps où les « hommes de science » étudieront un Du Prel ? Un de ses derniers ouvrages (3) présente à cet égard un ensemble doctrinal qui rendra son nom impérissable.

(1) Après l'enquête préalable le procureur, il est vrai, ne fit aucune poursuite. Voyez *Psych. Studien*, 1901, p. 58 : *Ehrenerklærung* (réparation d'honneur), dans *Berliner Tageblatt*, 28 mai 1898, n° 266 : *Zeitschr. f. Heilmagnetismus* (n° 3, décembre 1899, Wiesbaden) ; *Medizinische Reform*, Berlin, 4 juin 1898, n° 23 : *Psych. Studien*, 1898, p. 354, et *Zeitschr. f. Spiritismus*, 11 juin 1898, n° 24 : *Journ. du magnétisme*, Paris, nov. 1900, p. 320.

(2) *Lettres sur le magnétisme et le somnambulisme*, par Frappart, p. 152. Voyez Willy Reichel dans *Brockhaus Konversations-Lexikon*, *Psych. Studien*, 1901, p. 213 et suiv., ainsi que baron von Reichenbach ; *Der sensitive Mensch* (Stuttgart, 1854, I, p. 428).

(3) Carl du Prel : *Die Magie als Naturwissenschaft* (Iéna, 1899) et *Die Entdeckung der Seele* (Leipzig, 1894-95).

Je connais à Los Angeles un médecin chinois — il s'y trouve même un quartier chinois et mexicain qui n'est habité que par des Chinois et des Mexicains — médecin qui n'établit de diagnostics que par le pouls et ne se trompe jamais. Il prend le pouls du malade entre deux doigts et désigne aussitôt la maladie sans se trouver en trance.

Naturellement le charlatanisme est loin de manquer en Amérique ! Mais Passavant (1) a raison, quand il dit : « On a abusé de ces forces, comme de toutes les forces, sur terre, et des plus élevées, de la façon la plus outrageuse. Mais appelez toute l'histoire en témoignage, adressez-vous à toutes les générations terrestres dont vous foulez les ossements : A-t-il existé sur la terre une seule manifestation grande et noble, même quand la main de l'Eternel y paraissait évidente, qui n'ait été bafouée par les imbéciles, déformée par la superstition, attaquée par le dédain comme par un ver rongeur, obscurcie, avilie et empoisonnée par le mensonge ? Mais est-ce la faute de l'eau si le lys y puise son parfum et la ciguë son poison ? »

A la fin de février 1904 j'eus l'occasion de revenir à San Francisco. Un ami, colonel américain, me procura une carte pour le paquebot du gouvernement qui fait plusieurs fois par jour le tour de la baie de San Francisco pour approvisionner les ouvrages défensifs et assurer le service postal. Cette baie est d'un aspect bien plus romantique que celle de New-York ; elle est entourée de montagnes et peuplée d'innombrables lions marins, qu'on peut le mieux observer du Cliffhouse (un restaurant).

Je visitai alors de rechef M. Miller pour obtenir de lui de

(2) J.-C. Passavant ; *Untersuchungen ueber den Lebensmagnetismus...* (Frankfurt a M., 1821, p. 20).

nouveaux phénomènes, et cela avec l'espoir que peut-être de Rochas ou Charles Richet, ou Camille Flammarion à Paris, ou la « Society for psychical Research » de Londres pourraient procéder à un examen scientifique de ce médium. Miller est né à Nancy (France), le 8 septembre 1870 et habite l'Amérique depuis 14 ans ; je regrette vivement que le professeur Zœllner, du Prel et le baron Hellenbach aient déjà disparu de la sphère terrestre, car ces coryphées de l'occultisme en Allemagne, auraient éprouvé une grande joie à expérimenter avec Miller. Miller se propose de revenir en France en 1906, et j'ai appris par le professeur Van der Naillen, directeur de l'Ecole des ingénieurs de San Francisco, qui est lié avec M. de Rochas, qu'il a attiré l'attention de ce dernier sur Miller. Tout expérimentateur sait qu'après plusieurs séances avec un même médium, les résultats s'améliorent, à la condition que règnent la sympathie et l'harmonie.

Voici donc les phénomènes dont j'ai été témoin chez Miller, sauf un cas sur lequel je serai plus explicite. J'ai vu, avec un éclairage très suffisant, un esprit entièrement formé sortir du rideau, alors que Miller était debout *devant* le rideau, se rapprocher d'une dame éloignée de moi d'environ trois mètres, puis l'embrasser, — c'était sa mère, — ensuite M. Miller, qui l'avait suivi lentement sans être en trance, le prendre par la main et le reconduire vers le rideau devant lequel il se dématérialisa. J'ai vu, en outre, un monsieur que je connaissais très bien de son vivant, jusqu'à huit fois, directement devant moi à une distance de trois quarts de mètres du médium ; il s'approchait d'abord de moi sous la forme d'une **petite** flamme flottante, qui s'abaissait devant moi ; l'esprit se développait ensuite dans l'espace d'environ une demi minute, puis se tenait juste devant moi tout formé. Il avait de longs entretiens avec moi, puis se retirait jusqu'au rideau, où je le suivais, et alors se dématérialisait devant moi, en continuant à me parler jusqu'à ce que finalement la tête disparût à son tour.

Cet esprit était parfaitement reconnaissable à sa voix et au tour de son langage, mais comme il apparaissait vêtu de blanc, je lui demandai s'il lui serait possible, au cas où il en aurait le souvenir, de se matérialiser dans le costume qu'il avait lors de sa mise en bière, et de me donner ainsi une preuve d'identité encore plus certaine. Il le promit et, dans la séance du lendemain, se présenta en habit, exactement comme je l'avais vu dans le cercueil, et le visage parfaitement découvert. J'ai vu, de mes propres yeux, de petites flammes rotatives blanches, bleues, parfois d'un bleu clair merveilleux, d'où sortaient des voix me parlant et me donnant au complet des noms d'amis et de connaissances; quelques-unes de ces flammes s'abaissaient vers le parquet pour prendre forme rapidement ; d'autres ne possédaient pas encore ce pouvoir. *J'ai vu mon propre petit garçon* Helmuth, qui mourut à Berlin à l'âge de quatre ans, le 31 août 1893, sortir en flottant, avec ses cheveux blonds, du cabinet et criant constamment : « Papa, me vois-tu ? » Je le vis flotter assez longtemps dans la chambre, puis disparaître à travers le plafond (1). Celui qui a obtenu, même une seule fois, un pareil résultat, pourrait-il douter un instant de la réalté du spiri-

---

(1) Ce phénomène de disparition à travers le plafond est également signalé par le professeur Perty, pour le médium Williams, de Londres, dans son livre ; *Der jetzige Spiritualismus und verwandte Erfahrungen* (Leipzig, 1877, p. 164), ainsi que par Florence Marryat dans ; *There is no death*, pour le médium Virginia Roberts.

tisme ? Et j'ai vu et entendu plusieurs fois ces sortes de choses.

Une autre fois, dans une séance privée, j'ai vu, me tenant debout à côté de Miller qui n'était pas en trance, des flammes lumineuses s'élever en flottant de tous côtés, et de ces flammes sortaient des voix qui me parlaient de la façon la plus saisissante. J'ai vu, dans une séance publique, un esprit, pleinement matérialisé, se maintenir pendant 12 minutes assis au milieu de nous et causant avec nous. J'ai bien vu une douzaine d'esprits se développer devant les assistants, à une distance de 2 à 3 mètres du médium ; ils parlaient, chantaient, pendant que le médium lui-même s'entretenait parfois avec les assistants. J'ai entendu se produire des coups forts comme des coups de canon, et constaté la production d'autres phénomènes démonstratifs tels, par exemple, que l'apport d'une montre perdue depuis six ans, etc. ; je ne signale ces faits qu'accessoirement, car ils passent à l'arrière-plan devant ces matérialisations si surprantes.

Miller ne possède pas moin de huit esprits « contrôles », parmi lesquels « Betsy « est le principal ; elle est fortement mise à contribution, mais est infatigable ; c'est un esprit aimable, charmant. Ancienne domestique nègre des grands-parents du médium, elle a accepté cette pénible mission par reconnaissance pour les buns traitements dont elle fut l'objet chez eux. Un autre contrôle, Star Eagle, est indien ; il possède des connaissances médicales et me révéla en détail les causes de ma maladie, jusqu'alors méconnues par tous les médecins, et me donna lui-même en mains le remède pleinement matérialisé nécessaire à son traitement.

Je ne m'étendrai pas sur les entretiens que j'ai eus avec ces esprits, attendu qu'en général ils se rapportent à des affaires d'ordre privé et que je ne m'occupe pas du soi-disant spiritisme de révélation. D'ailleurs, je suis, d'une façon générale, de l'avis de Du Prel : « Il n'existe pas encore de spiritisme qui nous ouvre la porte de l'au-delà proprement dit, mais un spiritisme qui nous fait connaître les phénomènes qui mettent les deux mondes en rapport. » (1).

Celui qui s'intéresse aux révélations qui nous viennent de l'au-delà, a à sa dispoition les ouvrages de Swedenborg, Cahagnet, Friese, Davis, Hudson Tuttle, Kardec, Annie Besant, Mme d'Espérance, etc. (2).

Il est un phénomène obtenu avec Miller que je dois décrire avec plus de détails, comme je l'ai annoncé plus haut, car je ne crois pas que, dans les annales modernes du spiritisme, un fait semblable se trouve mentionné : il s'agit de la *dématérialisation d'une personne vivante qu'on retrouve à un autre étage.* La belle brochure du Dr Walter Bormann, *Der Schotte Home* (L'Ecossais Home), (Leipzig, O. Mutze, 1899) décrit bien les lévitations de Home, mais non la volatilisation de tout son corps. De même Du Prel (3) a réuni un grand nombre de cas de lévitation datant de toutes les époques, mais je ne me souviens pas qu'il y soit question de la disparition totale d'un homme vivant, comme dans le cas de Miller (4).

(1) Du Prel ; *Der Tod, das Jenseits, das Leben im Jenseits* (Muenchen, 1899, p. 101.).

(2) L'ouvrage sur le spiritisme de révélation qui m'est le plus sympathique est le suivant ; *Kundgebungen des Geistes Emanuel*, 1890-1897, gesammelt durch B. Forsboom (un ami de Du Prel), publié chez Karl Siegiswund, à Berlin.

(3) Du Prel ; *Die Magie als Naturwissenschaft* (Iéna, 1899, p. 147 et suiv.).

(4) Depuis lors j'ai cependant retrouvé la relation d'un cas de disparition du médium et cela de William Eglinton ; donc le cas de Miller n'est pas le seul connu. Voyez *Animismus und Spiritismus*, von A. Aksakow, 2e édit., II, p. 283, et de Vesme, *Geschichte des Spiritismus* (Leipzig, O. Mutze, 1898, II, p. 127.)

Voici comment les choses se passèrent : M. Miller était assis entrancé dans le cabinet, et Betsy m'appela, moi, le « Monsieur allemand » comme elle me désignait, pour me prouver que Miller s'y trouvait endormi et pouvoir en témoigner dans les cercles scientifiques. Il y avait cette fois, 27 personnes présentes. Elle me dit : « Nous allons maintenant dématérialiser notre médium et le transport, au premier étage, et toi et encore un monsieur et deux dames devront demander la clef du premier étage et ramener le médium. »

Je ferai observer que M. Miller possédait toute la maison et que les séances avaient lieu au rez-de-chaussée (le soi-disant souterrain), tandis que le premier étage, M. Miller n'étant pas marié, était solidement fermé pour parer aux vols assez fréquents en Californie. Betsy pria alors les assistants de se donner la main, de chanter et de s'efforcer d'atteindre le plus grand calme de l'esprit et la plus grande harmonie, vu que l'opération présentait de très grandes difficultés. Je fis encore une fois une investigation soigneuse et constatai qu'il eût été absolument impossible à Miller de sortir du cabinet, vu que 27 personnes étaient assises immédiatement au-devant, que la lumière était très suffisante et que le fond du cabinet donnait sur la rue. Fût-on même ouvert l'une des fenêtres — il n'y avait pas de porte — le moindre courant d'air aurait été ressenti par nous, et le temps était en outre au vent et à la pluie. Au bout d'environ quatre minutes, on entendit la voix de Betsy nous avertir, nous quatre, de monter. Je me fis donner la clef par la gouvernante de la maison, qui était assise dans le cercle, et nous montâmes au premier étage ; j'ouvris la porte et trouvai effectivement Miller, respirant péniblement, assis dans un fauteuil. Je pris par la main le médium toujours entrancé et le ramenai dans le cercle, où il se réveilla sans se rien rappeler ; il sentait simplement une oppression au cœur.

Lorsque la théorie de la quatrième dimension fit son apparition, sous les auspices du professeur Zœllner, à Leipzig, Lazar von Hellenbach demanda au médium dont il se servait à cette époque, si un homme peut disparaître par la voie de la quatrième dimension. Voici la réponse : « Oui, dans certaines conditions. Par respect humain on ne le fait guère, mais il y a eu des cas où des hommes disparurent pour échapper à leurs persécuteurs, comme le Christ au Temple (1). » — Grâce aux travaux philosophiques de Hellenbach et de Du Prel, la notion de personnalité s'est singulièrement développée, de sorte que les difficultés que nous présente le problème spirite se trouvent écartées pour la plus grande partie.

Nous savons maintenant que notre conscience intime (individuelle) et notre conscience externe (sensorielle) ne sont pas une seule et même chose, comme le prouvent les expériences de somnambulisme et d'hypnotisme, que la personnalité, qui est le résultat de notre conscience externe, ne saurait être identifiée avec l'*Ego*, qui appartient à la conscience interne, bref que ce que nous appelons notre self-conscience, ne se confond pas avec notre conscience interne. Il y a donc lieu de faire la distinction entre la *personnalité* et l'*individualité*. *L'individualité persiste, la personnalité disparaît.* C'est pour ce motif que la question de l'identité des esprits est la pierre d'achoppement du spiritisme, et que précisément les cas d'identité bien authentiques

(1) Hellenbach. *Vorurteile der Menschheit* (Leipzig, 1884, II, p. 273). — Il y a lieu de distinguer le don d'invisibilité de la dématérialisation (Le traducteur).

sont si rares. Voilà pourquoi aussi les communications médiumiques ne donnent pas de renseignements sensés sur le
monde des esprits et ses habitants ; le monde transcendantal est une notion aussi peu compréhensible pour le monde
phénoménal que la quatrième dimension ; nous ne pouvons
nous en faire une idée (1).

Quoiqu'il en soit, je puis affirmer de la façon la plus for-
melle que j'ai vu chez Miller, trois esprits qui ne pouvaient
être que les personnes qu'ils prétendaient être ; je les ai reconnus à leur extérieur, pleinement à découvert, et à leur
langage. Naturellement, on a beaucoup écrit sur Miller dans
la presse professionnelle américaine, ainsi que dans les journaux quotidiens ; j'ai vu à son sujet des relations plus ou
moins détaillées dans *The Better Way*, *The Searchlight*, *Pro-
gressive Thinker*, *Light of Truth*, *Philosophical Journal*, *Rays
of Truth*, *Examiner* (journal quotidien de San-Francisco,
donnant le récit détaillée d'une séance du grand duc russe
Boris, avec Miller), etc. ; mais je désirerais que ce médium
pût être connu en Europe, dans les milieux scientifiques,
car il est destiné à être une des meilleures pierres angulaires
pour l'édification de la doctrine enseignant la vérité d'une
communication transcendantale avec nos morts.

J'ai vu encore bien d'autres intéressantes manifestations
chez Miller ; ainsi j'ai vu se matérialiser une fois deux esprits
qui assuraient avoir été des danseuses égyptiennes ; elles re-
montèrent elles-mêmes une boîte à musique placée à côté
de moi et esquissèrent des mouvements de danse analogues
à ceux que j'ai vu faire au Caire, en janvier 1902, par des

(1) Aksakow ; *Animismus und Spiritismus* (Leipzig, O. Mutze, 1894,
p. 641.)

derviches danseurs, après quoi elles se dématérialisèrent devant mes yeux.

Une autre fois se présentèrent des êtres d'une luminosité radiante, émanant de leur intérieur — je ne trouve pas de termes adéquats au phénomène — qui disaient n'avoir jamais vécu sur la terre, mais étaient des « esprits du soleil » descendus par amour de l'humanité ; ils me permirent de les toucher et palper pour me convaincre qu'ils étaient matérialisés et momentanément adaptés à la sphère terrestre.

Il apparut des esprits féminins avec des enfants sur les bras ; Perty a décrit des apparitions analogues, en traitant de la médiumité d'Eddy, à Chittenden (Vermont, Amérique). — Le professeur Perty a d'ailleurs colligé un grand nombre de phénomènes d'ordre spiritualiste (1).

(1) Prof. Perty ; *Der jetzige Spiritualismus und verwandte Erscheinungen* (Leipzig u. Heidelberg, 1877) ; id. *Die sichtbare und die unsichtbare Welt*, ibid., 1881 ; id. *Blick in das verborgene Gebiet der Menschengeister*, ibid., 1869 ; puis de Vesme ; *Geschichte des Spiritismus*, uebers. von Feilgenhauer (Leipzig, O. Mutze, 1898) et Carl Kiesewetter ; *Geschichte des neueren Okkultismus* (Leipzig, Wilh. Friedrich, 1891).

III

En avril 1904, M. Miller me rendit visite au lieu où je résidais alors, à environ 500 milles de San Francisco. A son arrivée, je l'examinai avec soin ainsi que ses deux valises et arrangeai moi-même un cabinet dans mon logis privé ; mais dès la première séance, se forma *derrière mon siège* — éloigné d'un demi mètre du médium — ce même esprit aux vêtements éclatants de radiance, dont j'ai déjà parlé avec détail. Puis, du cabinet sortit un esprit féminin qui se dirigea vers la porte et le palier et bénit la maison. Il se présenta encore des esprits des œuvres desquels je m'étais occupé depuis de longues années et qui me saluèrent avec la plus grande cordialité. Une circonstance très frappante, c'est que tous ces esprits, formés en la présence de Miller, donnaient leur nom — prénom et nom de famille — et cela avec une exactitude que je n'ai jamais observée dans d'autres conditions.

En un mot, les séances tenues dans mon appartement présentèrent les mêmes particularités qu'à San Francisco. J'ai pleine conscience de la valeur des mots que j'emploie ici pour mes descriptions.

Il est évident que plus d'un de mes lecteurs serait désireux, peut-être, de savoir ce que les esprits matérialisés par l'intervention d'un médium si merveilleusement doué m'ont pu apprendre d'intéressant sur la vie après la mort. J'ai entendu bien des choses, car j'ai entendu des communications de beaucoup d'esprits, qui avaient émis dans leurs ouvrages les idées les plus diverses et qui ne manquaient pas de me décliner leur nom clairement ; quant à ces communications, elles doivent, à mon sens, être accueillies sous toutes réserves, car l'expérience nous a appris que les communications sont contradictoires, et varient selon les médiums qui y président ; le professeur Zœllner a exprimé dans les termes les plus énergiques sa méfiance sous ce rapport (1).

Dans les séances qui eurent lieu chez Miller, je n'entendis parler les esprits qu'anglais, français et allemand ; cependant on m'a affirmé de divers côtés que, dans une séance à laquelle assistaient 75 personnes et tenue quelque temps auparavant, les esprits se seraient exprimés en 27 langues et dialectes différents — correspondant aux diverses nationalités représentées — ce qui n'a rien d'extraordinaire pour San Francisco. Le 28 avril 1879, le professeur Zœllner adressa l'avertissement suivant à son ami Friese, à Breslau :

« La science ne peut utiliser le contenu intellectuel des révélations ; elle ne peut se guider que d'après les *faits observés* et les conclusions qui établissent entre eux un lien logique et mathématique pour la construction de son édifice. Si nous abandonnions cette voie, nous retomberions infailliblement dans les discussions théologiques et philosophiques qui ont cours entre savants quant au *contenu* et à *l'origine* d'assertions transmises par l'histoire. Nous revivrions les dissensions entre partisans de révélations individuelles, telles que nous les présente, en traits sanglants, l'histoire des luttes religieuses d'antan. » C'est que la puissance de la suggestion sur les médiums est immense !

(1) Prof. Zœllner ; *Die transcendentale Physik*, III (Leipzig, 1879, Vorwort, p. XXXVI.)

J'ai moi-même observé, chez Miller, un cas qui, indubitablement, ne reposait que sur la télépathie. Un avocat de New-York, Thomson Jay Hudson, a écrit un livre qui a été traduit par Edouard Hartmann en allemand (1). Je ne suis pas d'accord avec lui sous bien des rapports, mais je ne conseille pas moins à celui qui veut éviter les écueils et les dangers incontestables du spiritisme, d'étudier avec soin cet ouvrage d'un connaisseur du domaine en question.

Les Etats-Unis avaient, sur ces entrefaites, inauguré la « World's Fair » ou exposition universelle de Saint-Louis ; je partis le 1er juin 1904 pour la visiter. Il faut pour aller de Los Angeles à Saint-Louis quatre jours par la ligne de Santa Fé, en passant par l'Arizona, le Nouveau Mexique, le Colorado, le Kansas et le Missouri, et jusqu'au Kansas ce sont presque toujours des prairies ! J'ai parcouru ces immense espaces herbus de l'Atlantique au Pacifique et de la frontière mexicaine au Canada ; si d'après Schopenhauer (*Die Platonische Idee* : « *Das Objekt der Kunst* ») cet aspect donne l'impression du sublime, je ne puis en dire autant pour moi qui n'en ai guère éprouvé qu'un sentiment de mélancolie.

Je n'ai pas à décrire l'Exposition ici ; tous les journaux du monde en ont parlé ; pour ma part, ce sont les sections japonaise et allemande qui m'ont le mieux plu. En traversant l'Arizona, je fis de Williams une petite excursion au « Grand Canyon ». Cet immense abîme a, dans sa partie accessible, une longueur de 217 milles avec une profondeur verticale d'environ 6.000 pieds et une largeur de 13 milles au point d'où les visiteurs le contemplent le plus souvent.

(1) Thomson Jay Hudson ; *Das Gesetz der psychischen Erscheinungen* (Leipzig, Arwed Strauch, 1899.)

L'auteur d' « Etidorhpa « (1) aurait dû placer là la porte des enfers.

Du 5 au 12 juin, je restai à la « World's Fair », logeant à l'Inside Inn-Hôtel, situé dans l'exposition même, puis je pris la route de Burlington pour, après deux jours et demie de voyage à travers le Nebraska et le Montana, arriver au Yellowstone-Park, dans le Wyoming. Ce parc est devenu, en 1872, parc national ; il a environ 62 milles de long, 54 de large et possède une superficie de 3.312 milles carrés. On traverse cet imposant paradis (dans le sens grec du mot) avec une voiture de poste en 5 jours et demi. Je vis là encore le buffle, l'élan, l'ours, etc., en pleine liberté ; mais comme ces animaux ne sont pas poursuivis ici, l'ours lui-même s'approche de l'homme jusqu'à 200 mètres peut-être ; c'est ainsi que près du « Fountain-Hôtel » je vis trois ours descendre de la montagne, s'approcher pour s'emparer de la nourriture que de l'hôtel on leur jette chaque jour, puis disparaître de nouveau dans les forêts.

Mais la principale curiosité d'Yellowstone Park, c'est les geysers (sources chaudes jaillissant périodiquement), parmi lesquels le « Giant » jaillit à une hauteur de 250 pieds. Il en est environ 33 qui soient particulièrement dignes d'être vus, et ils jaillissent à des intervalles variant de cinq minutes à douze jours et la durée du jaillissement varie d'une à quatre-vingt-dix minutes. Dans une grande partie de ce parc, on marche sur du soufre figé ; cela bout et bouillonne partout comme dans un goufre infernal, et je ne pus m'empêcher de penser vivement au Dante et à sa « Divine Comédie ». J'avais

(1) « *Etidorhpa* » *oder das Ende der Erde*, von John Uri Lloyd (Leipzig, Wilh. Friedrich.)

vu quelque chose d'analogue, mais sur une petite échelle, en 1886, aux solfatares près de Pouzzoles-Naples et dans le lac de Garde à Sermione, où jadis se dressait la villa du poète romain Catulle. En juillet 1896, j'habitais Maderno, sur le lac de Garde ; c'était le mois où la partie italienne du lac présente sa plus grande splendeur. Ce que j'y admirai le plus, ce furent les fleurs du câprier et celles de la passiflore. La forêt près du Norris-Hôtel est également très intéressante, le soufre y a si complètement blanchi tous les arbres que l'on s'imagine se trouver dans une forêt pétrifiée.

En quittant le Yellowstone Park, je pris la ligne du Northern Pacific, » pour revenir en Californie par l'Idaha, le Washington et l'Orégon. Ce voyage m'a réconcilié avec bien des choses d'Amérique. Ces traversées de plusieurs jours à travers les interminables prairies de la zone moyenne de l'Amérique avaient péniblement affecté mon esprit, mais le voyage de Livingston à Portland-Oregon, puis dans la direction du sud vers San Francisco est tout à fait ravissant. Les Montagnes Rocheuses, les « Cascade Mountains, » les premiers contreforts de la Sierra Nevada, que l'on traverse, sont infiniment plus beaux que les montagnes que traverse la ligne de l' « Union Pacific. » Partout des lacs et des fleuves et des montagnes neigeuses. — de sorte que pendant presque quatre jours on passe par les sites les plus grandioses.

De retour à San Francisco, je revins naturellement auprès de M. Miller et j'eus environ douze séances avec lui. Les phénomènes furent presque invariablement les mêmes, sauf un cas qui excita au plus haut degré mon intérêt. Préalablement je dois faire remarquer que les esprits qui, dans son cercle, sont qualifiés d' « élevés », sont des représentants de la palingénésie ou *réincarnation,* non pas dans le sens de la doctrine ésotérique du bouddhisme, mais dans celui d'Allan Kardec. Je ne me propose pas ici de discuter la question si controversée de la réincarnation au point de vue de sa valeur intrinsèque, — elle est par elle-même un fait très plausible, — mais il ne faut pas oublier que Miller est français, que les médiums sont très enclins à s'assimiler des idées préconçues et que la France occultiste accepte en grande majorité la théorie réincarnationiste d'Allan Kardec.

Le conseiller d'état Aksakow a, comme on le sait, dressé le schéma suivant pour les matérialisations : « La matérialisation visible et complète d'une forme humaine entière correspond à une dématérialisation complète ou aussi grande que possible du médium, au point qu'il peut de son côté devenir invisible, » — phénomène qu'il a traité en détail dans ses *Psych. Studien* (1).

Or, j'ai remarqué chez Miller un phénomène semblable, très remarquable. Je priai un esprit dont j'ai déjà parlé, et qui m'embrassa à plusieurs reprises, d'essayer de se faire voir à moi une fois de plus à côté du médium également visible. Dans une séance à laquelle prirent part 22 personnes, cet esprit se montra pleinement matérialisé, et à côté de lui le médium librement de la tête jusqu'à l'abdomen. Dans l'espace d'environ trois minutes, la tête du médium se réduisit cependant aux *dimensions d'une tête d'enfant*, puis continua à s'amoindrir et devint finalement *invisible*. Si M. Miller devait visiter la France et l'Angleterre, j'ose espérer qu'il s'y trouverait dans des conditions telles que des investigateurs versés dans la théorie et la pratique de l'art, tels que de Rochas,

(1) *Ein epochemachendes Phænomen im Gebiete der Materialisationen*, Psych. Studien, 1894, p. 284 et suiv. ; voyez aussi *Animismus und Spiritismus*, 2ᵉ édit., p. 264-266.

Richet, etc., pussent obtenir des phénomènes analogues en observant *les règles expérimentales les plus rigoureuses.*

Le 3 juillet je fus de retour à Los Angeles, mais je ne m'y sentis pas à l'aise. En l'absence de toute société raffinée et des satisfactions de l'esprit qui me sont nécessaires, je tombe aisément là dans une sourde indifférence ou dans un état d'excitation morbide. Je me rappelle avoir lu une fois certains *Gedankensplitter* de Maxime Gorki qui convenaient parfaitement à mon état d'esprit ; en voici à peu près le sens : « Plus un homme est sensitif, moins il possède d'énergie, plus il souffre, et plus difficilement il organise sa vie. *L'isolement et le désir inassouvi sont le destin de l'homme de cette nature !* »

Comme cette année là la chaleur était aussi excessive qu'anormale en Sud-Californie, je me réfugiai le 26 juillet dans la montagne, auprès de mon ami Ralph Follows, au San Gabriel Canyon, cette fois muni de mon winchester et du « Zarathustra », de Nietzsche. J'admire ce remarquable styliste, bien que sa conception de la vie soit diamétralement opposée à la mienne en ce qui concerne le point de vue de l'éthique.

J'y relus aussi Kardec après bien des années. Du Prel est également réincarnationiste et Hellenbach du moins ne rejette pas la réincarnation. Il est évident qu'elle ne saurait être *démontrée* rigoureusement ; mais, comme je l'ai déjà fait remarquer, elle est très acceptable en bonne logique.

J'adressai un jour une question sur ce sujet à un esprit, chez Miller, en ce qui me concerne ; j'obtins pour réponse que j'en étais à ma quatrième réincarnation. La dernière fois — il y a environ 300 ans — j'aurais été un roi de Bohême désireux d'octroyer à son peuple des lois utiles à son avancement, sans y réussir, et pour ce motif mort mécontent et fatigué de la vie ; je me serais réincarné actuellement pour être utile à l'humanité par la propagation du magnétisme et de l'occultisme. Il est certain que je suis né dans une famille dont les membres du côté tant paternel que maternel possédaient des aptitudes magnétiques et médiumiques. Mon grand-père (1), comme je l'ai dit, était un médecin apprécié de son temps, et un fort magnétiseur, et la sœur de mon père était un médium psychographe, de sorte que ma faculté de sensitivité semble être d'origine héréditaire.

Tout cela paraît être très possible et quiconque a lu les articles géniaux sur ce sujet, publiés par le Dr Huebbe-Schleider dans le *Sphinx*, rejetterait peut-être les vues d'A.-J. Davis (2), qui considérait la réincarnation comme une taquinerie de la « Diakka. » D'autre part ce que dit Aksakow des œuvres d'Allan Kardec donne fort à penser ! (3).

<hr />

(1) Le Dr Julius Neuberth fut nommé en 1847 membre de l'Académie impériale Léopoldine-Carolinienne des naturalistes à Halle et du Prel à cité ses *Original-Beitræge zur Geschichte des Somnambulismus* (Leipzig, Otto Wigand, 1841) dans *Die Magie als Naturwissenschaft* (Iéna, Costenoble, 1899, p. 148). Il a écrit encore ; *Die Heilkræfte der menschlichen Hand* (Grimma, 1843) et beaucoup d'articles dans *Dresdner Wochenblatt*. Il eut fort à se débattre, car à son époque le magnétisme était encore peu connu : il n'y a guère que le comte Szarapy qui le seconda.

(2) Voyez A. J. Davis ; *Geistige Wanderungen* (Leipzig, 1876) et *Prinzipien der Natur* (Leipzig, 1869, II, p. 763, 826). Je connais à fond ; *Die esoterische Lehre*, von Sinnett (Leipzig, 1884), *Das Meer der Theosophie*, von W. Ch. Judge (Leipzig, 1893), *Buddhistischer Katechismus*, von Subhadra Bickshu (Braunschweig, 1888), *Licht auf den Weg*, von Mabel Collins (Leipzig, 1888) et *Bhagavad Gita* (Braunschweig, 1892) dans l'édition du Dr Franz Hartmann.

(3) *Recherches sur l'origine historique du dogme de la réincarnation dans le spiritisme français*, par A. Aksakow (Psych. Studien, 1896, p. 258, et *La Lumière*, t. X, p. 38). Voyez encore *Der Ursprung des Lebens und Geistes*, von A. Voss (Uebersinnl. Welt, 1898, p. 343). D'ailleurs les esprits contrôles du *Banner of Light* (Boston, Mass.) ont toujours été partisans de la réincarnation : donc aussi en Amérique ! Voyez Ludwig Deinhard ; *Amerikanischer Spiritualismus*, dans *Sphinx* (Gera, Reuss, 1890, p. 75), et dans sa critique sur Henry Lacroix, le correspondant parisien du *Banner of Light* ; enfin. Albert Kniepf ; *Zur Reinkarnation* (Psych. Studien, 1898, p. 503) et prof. Max Seiling ; *Okkultistische Aehreniese*, (ibid., 1905, p. 460).

IV

En Europe de même qu'en Amérique j'ai fait connaissance avec des personnes très instruites et de noble caractère ; j'ai observé que, dans les séances, ces personnes n'ob-
tiennent souvent rien, alors que je pensais que la générosité
et la magnanimité devaient être les meilleures conditions de
bonnes séances. J'étais véritablement peiné, après avoir tant
fait pour convaincre de semblables personnes de la réalité
d'une vie transcendantale et les avoir mises en rapport avec
des médiums d'ailleurs excellents, de les voir partir nullement
satisfaites. Hellenbach (1) donne de ce fait une explication
très plausible. « Le destin fatidique d'un homme peut également être un obstacle. L'homme vient au monde dans un but
particulier de développement ; si ce but est en contradiction
avec ce genre d'occupations, il se manifestera toujours une
volonté adverse et cela de part et d'autre. *De même que l'ins-
tinct guide les animaux dans la recherche de leur nourriture, de
même une impulsion interne guide l'homme* dans la recherche
des facteurs destinés à favoriser son développement moral.
Il est très croyable que le monde intelligible éprouve une
certaine répugnance à intervenir vis-à-vis de personnalités
données. »

Je compte revenir plus tard, dans un nouveau livre sur

---

(1) Hellenbach ; *Geburt und Tod* (Wien, 1885, p. 237 : 2ᵉ édit., Leipzig,.
O. Mutze, 1897).

toutes les observations que j'ai pu faire dans le domaine
transcendantal avec l'aide d'un grand nombre de médiums ;
j'ai consigné bien des cas qui excluent l'idée d'une *télépathie
larvée*, car c'est là qu'est le « point saillant ».

Le philosophe berlinois de l' « Inconscient » , Eduard von
Hartmann, a bien un jour émis, à l'adresse de mon frère, cette
assertion qu'il n'existait pour lui rien de plus angoissant que
la pensée d'une survie, et le zoologiste de Iéna, le prof. Dr Ernst
Haeckel, considère la pensée banale de la vie éternelle, non
comme une magnifique consolation, mais comme une terrible
menace. (*Die Weltrætsel*, Bonn, 1899, p. 240.)

Mais s'il existe une survie personnelle consciente — et je
ne puis en douter pour ma part — la mort perd tout ce qu'elle
a d'effrayant, car elle est simplement une naissance relative ;
exactement comme la naissance est une mort relative ;
en effet, si à notre naissance le sujet trancendantal devient
caché pour notre conscience du plan cérébral, il redevient
libre à la mort.

Kant a déjà exprimé une idée analogue dans ses « Leçons
sur la métaphysique », en disant : « La mort n'est pas la sus-
pension absolue de la vie, mais supprime les obstacles à une
vie complète. » (1) Merveilleuses sont à cet égard ces paroles
de la légende, que j'ai découvertes chez le professeur Zœllner:
« — Ce que ton esprit cherche à puiser de plus élevé à l'éternelle source de tout être, n'est rien de plus qu'une image. » (2)

Il m'est souvent arrivé, ainsi que probablement à tout

(1) Prof. Max Seiling ; *Die Seelenlehre du Prel's und anderer Weltanschau-
ungen*, dans « *Beitraege zur Grenzwissenschaft* « (Iéna, Costenoble, 1899,
p. 182).

(2) Prof. Zöllner ; *Wissenschaftl. Abhandlungen*, II, Theil I, p. 435 ; *Ke-
pler und die unsichtbare Welt* (Leipzig, 1878).

expérimentateur dans le domaine de l'occulté, que les agents avec lesquels je me suis trouvé en rapport par le moyen des médiums, ou que j'ai vus pleinement matérialisés et cru reconnaître pour ce qu'ils se donnaient, venaient ensuite me dire des choses qui éveillaient le nouveau un doute sur leur identité.

Il est certain que les médiums peuvent agir par suggestion sur les esprits et leur faire dire des choses qui répugnent plus ou moins à leur caractère. Herm. Handrich, de Brooklyn, qui a acquis une si grande expérience dans cet ordre de phénomènes, a fait des constatations de ce genre. (1)

Pas plus tard qu'hier un bon ami — médecin américain — mais un agnostique, me déclara, après avoir vu dans ma maison des matérialisations ne prêtant à aucune objection, que ces phénomènes contredisaient les lois connues de la nature et ne l'intéressaient pas en quoi que ce soit ! Or, que dit le le savant qui a découvert le thallium, le professeur W. Crookes, membre de la Société royale des sciences de Londres ? (2) « On verra que les phénomènes sont d'un caractère extraordinaire et sembleront incompatibles avec les théories de la science moderne. Maintenant que je suis convaincu de leur *réalité*, ce serait de ma part une lâcheté morale que de ne pas donner mon témoignage. » Je ne comprends pas qu'un homme puisse être assez outrecuidant pour penser qu'il connaît toutes les lois de la nature.

Il est facile de concevoir qu'un homme de science, qui s'est

_____

(1) Hermann Handrich ; *Erfahrungs-Reflexionen* (Psych. Studien, 1901, p. 713).

(2) W. Crookes ; *Notizen einer Untersuchung ueber spirituelle Erscheinungen* (Psych. Studien, 1874, p. 57).

4

constitué une base solide pour y établir son édifice scientifique, et qui voit soudain une nouvelle découverte venir
ébranler cette base, n'en éprouve pas précisément un grand
plaisir ; aussi beaucoup de coryphées de la science officielle
font-ils comme l'autruche ; Virchow lui-même a dit : (*Ueber
Wunder*, p. 23) : « On ne se réjouit pas toujours de voir se
produire un nouveau phénomène ; on en est, au contraire,
péniblement affecté. » — Cremonini da Cento, Libri, Cla-
vius, Magini, Horky, tous « hommes de science », refusèrent
de regarder dans le télescope, parce qu'ils croyaient devoir nier
théoriquement l'existence des quatre satellites de Jupiter (1).

Comme je l'ai dit plus haut, j'ai publié dans la *Revue
Spirite* de Paris, en août 1904, quelques détails sur le médium
Miller. Il m'arriva ensuite, en janvier 1905, de San Francisco,
la nouvelle que M. Miller avait reçu d'un rentier, M. J. Debrus
de Valence sur Rhône, une lettre le conviant à accorder
12 séances à M. de Rochas, à lui-même et à quelques amis ; cela
en raison de ce que j'avais annoncé qu'en 1905 Miller se pro-
posait de visiter la France. Mon désir se trouvait donc réalisé
en tant que le colonel comte de Rochas désirait voir M. Miller.
Je partis donc de bon cœur à San Francisco pour voir ce qu'il
y avait à faire, et éventuellement tout disposé à conduire
M. Miller chez M. de Rochas. Mais je trouvai M. Miller dans
des dispositions plutôt mauvaises ; des émotions répétées
l'avaient rendu passablement nerveux. Ses contrôles me dé-
clarèrent qu'avant quatre à cinq mois il ne pourrait se mettre
en route pour Paris et que je ne devais pas m'y attendre
à des séances merveilleuses comme en Californie, à cause des

(1) P. Hellenbach ; *Aus dem Tagebuche eines Philosophen* (Wien, 1881,
p. 209.)

changements brusques du temps survenant en France et des
autres conditions défavorables qui y règnent ; mais peut-être
pourrait-on obtenir, en insistant, que M. de Rochas vînt en
Californie.

Pour arriver à ce résultat je dus prendre d'autres arrangements. Je me mis en rapport avec le professeur Van der
Naillen, un ami de M. de Rochas, qui me fit l'accueil le plus
amical. Une séance organisée le soir même et dans laquelle
Van der Naillen put voir le médium Miller et deux fantômes
entièrement matérialisés *en même temps,* puis les toucher et
les examiner de toutes manières, le détermina à m'aider de
tout son pouvoir à décider de Rochas à accepter mon invitation dans l'intérêt de l'occultisme et de l'humanité. Pour
gagner la confiance de ce chercheur, pour nous trouver à
même de lui faire parvenir un compte-rendu capable de le
déterminer à entreprendre ce grand voyage, nous décidâmes
d'organiser une *séance d'épreuve sous les conditions les plus
rigoureuses et les plus inattaquables et d'obtenir que ce compte
rendu fût signé de personnes connues dans la science.*

M. Miller y consentit facilement en disant : « Faites de moi
ce que vous voudrez ; » on se réunit avec M. Van der Naillen
et le Dr Renz, médecin allemand universellement estimé,
pour déterminer les conditions de l'expérience. J'achetai
d'abord une chemise noire neuve, une camisole et des cale-
çons noirs, fis confectionner tout un habillement pour Miller,
et transporter directement tous ces objets au Palace-Hôtel, où
je logeais, de sorte que Miller ne put les voir avant la séance.
Je louai alors au Palace-Hôtel — c'est le premier hôtel de
San Francisco — au deuxième, une chambre dont je laissai le
choix au professeur Van der Naillen et fis appliquer par un
tapissier sur les murs une étoffe noire.

Le 2 février eut lieu cette séance d'épreuve, à laquelle prirent part, outre le Dr Renz, sa femme, le Dr Burgess, M. Braunwalder, professeur d'électricité à l'Ecole des ingénieurs de San Francisco, enfin le consul de Turquie et d'autres personnalités éminentes qui avaient accepté notre invitation.

M. Miller arriva à l'hôtel à 8 heures et demie du soir et y fut reçu par M. Van der Naillen, le Dr Renz et moi. Nous le conduisîmes dans ma chambre, où il se déshabilla totalement sous nos yeux et se revêtit des vêtements dont il a été question plus haut. Nous passâmes ensuite dans la pièce destinée à la séance, où le professeur Van der Naillen et le Dr Renz lièrent le médium, au moyen de forte corde, achetée auparavant, par les bras, les mains, la poitrine, le cou, les pieds, à triple et quadruple tours, à une chaise, puis fixèrent les extrémités de la corde au tapis au moyen de coutures . La pièce était située à environ 40 pieds au-dessus de la rue : Miller ne fut entrancé à aucun moment de la séance et le cabinet resta ouvert pendant presque tout le temps. *Malgré ces conditions difficiles, il se matérialisa successivement neuf fantômes*, dont quelques-uns purent s'éloigner de 3 à quatre mètres du médium. Betsy, le principal contrôle, s'éloigna à une si grande distance que M. Miller s'écria : « Betsy, come back, I feel terrible. (Betsy, revenez, je souffre terriblement) ! »

Plus tard je reçus du professeur Van der Naillen un compte rendu très long et très détaillé en langue française, que j'envoyai à Paris, à l'adresse de M. de Rochas, avec une lettre d'invitation. Il n'y eut pas une, parmi les 16 personnes, dont plusieurs nettement sceptiques, qui assistèrent à cette séance, qui ne fut convaincu de la sincérité des phénomènes obtenus dans ces conditions.

Dans une autre séance, tenue trois jours après dans la

maison de M. Miller, il se produisit un fait si intéressant que je ne puis le passer sous silence. La séance eut lieu à 1 heure de l'après-midi. Avant qu'elle ne commençât et pendant que M. Miller se tenait devant le cabinet, j'entendis la voix de Betsy (naturellement en langue anglaise) chuchoter ces mots : « Va un instant au soleil avec le professeur. » Je pris M. Miller sous le bras et sortis avec lui dans la rue, à laquelle on accède directement par une porte de la pièce, puis nous rentrâmes aussitôt. Au même instant, en rentrant dans la chambre obscure, nous vîmes tous M. Miller entièrement recouvert d'une masse lumineuse, d'un blanc scintillant rappelant la neige, qui couvrait entièrement son habillement foncé en cheviotte. J'ai pu observer ce phénomène remarquable à plusieurs reprises ; même quand il ne s'était pas trouvé — toujours un bref moment — au soleil, ses vêtements semblaient peu à peu comme s'envelopper de neige, à mesure que la chambre devenait plus sombre. C'est là évidemment l'élément magnétique blanc dont les fantômes se servent pour leur formation, à l'opposé de l'élément bleu qui est actif dans le magnétisme guérisseur.

Il est déjà plus difficile aux fantômes d'apparaître avec les vêtements qu'ils portaient pendant la vie, attendu qu'ils sont obligés d'en prendre les éléments chez les assistants, tandis que, selon leur dire, ils trouvent le « magnétisme blanc » dans l'atmosphère.

Voici une autre preuve non moins convaincante : Star Eagle, l'Indien, me demanda de placer une chaise devant le cabinet ; nous vîmes alors une nuée noire de forme sphérique descendre du plafond, en oscillant, sur le siège. Aussitôt qu'elle eut atteint la chaise, Star Eagle s'y matérialisa, dans l'espace d'environ 2 minutes, formé de pied en cape, et me pria d'essayer de remuer la chaise, ce à quoi je ne réussis point. Il l'avait, disait-il, rendue si lourde qu'il ne me serait pas possible de lui imprimer un mouvement.

Dans les séances avec Miller, j'ai presque toujours observé, avant l'apparition des fantômes, ce courant d'air presque glacial qu'on sent si souvent dans les séances. Aujourd'hui même, le 12 avril 1905, pendant que j'écris ces lignes, j'ai reçu la réponse du colonel de Rochas ; comme elle est de nature à intéresser tout le monde, je la donne ici textuellement :

Grenoble, 27 mars 1905.

Monsieur le Professeur,

« Veuillez m'excuser du long retard que j'ai mis à répondre à votre lettre du 11 février 1905 ; mais elle ne m'est parvenue que le 6 mars, et j'étais alors dans mon lit sous l'influence d'une violente grippe dont je commence un peu à me remettre.

« Dans l'état actuel de ma santé, il m'est impossible de prévoir quand je pourrai m'exposer aux fatigues d'un si long voyage, même accompli dans les conditions que vous voulez bien m'offrir.

« J'en suis cependant bien tenté ; car, comme vous, je consacre tout ce qui me reste d'activité à essayer de soulever le voile derrière lequel se cache notre destinée après la mort.

« Je vous adresse, par le même courrier, une conférence que j'ai faite récemment a l'Académie delphinale qui réunit les hommes marquants de ma province, où la science psychique est encore à peu près inconnue. Vendredi prochain, j'en ferai une autre sur vos expériences avec Miller, et je crois que j'aurai à lutter fortement contre le scepticisme de mes auditeurs.

« C'est parce que je connais bien le caractère de nos savants officiels français, au milieu desquels j'ai passé la plus grande partie de ma vie, que je crains de ne pouvoir retirer de mon voyage en Californie tous les résultats que vous en espérez.

« J'aurais beau accumuler les preuves en faveur de la réalité des phénomènes dont j'aurais été témoin : on sera toujours disposé à me dire que c'est impossible et que j'ai dû me laisser tromper.

« Voyez ce qui est arrivé à Crookes et au docteur Gibier ; actuellement il se produit à Alger chez le général Noël des matérialisations très remarquables, mais la plupart de ceux qui consentent à en lire les relations, haussent les épaules, parce que le comité devant lequel elles se produisent, se compose de gens sans notoriété et est présidé par une femme.

« Pour moi, si l'on veut réussir — non pas à imposer la théorie spirite du premier coup, mais à montrer aux matérialistes que les faits contredisent leur enseignements, — il faut agir comme je l'ai fait avec Eusapia :

« Réunir une dizaine de personnes ayant une réputation scientifique bien établie ;

« Leur demander de s'établir avec moi, pendant 3 ou 4 semaines, dans une ville quelconque de la France où ils pourraient se consacrer exclusivement à l'étude de Miller ;

« Exiger d'eux un procès-verbal collectif des séances avec leur signature.

« Je suis à peu près sûr de l'adhésion du professeur Richet, de Flammarion, de Porro (professeur d'astronomie à l'université de Gênes), du D^r Le Bon (le découvreur de la lumière

noire), du professeur Sabathier (doyen de la Faculté des
sciences de Montpellier), de d'Arsonval (membre de l'Académie des sciences et auteur de recherches célèbres sur l'électricité), du comte de Gramont et du baron de Watteville,
tous deux docteurs ès sciences, de Maxwell (avocat général à
Bordeaux), du colonel Thomassin, grand croix de la Légion
d'honneur, de Delanne, etc.

« Un document signé par eux aurait non pas une valeur dé-
cuple, mais une valeur centuple d'un autre semblable signé
par moi seul.

« Quant à l'objection très juste que vous me faites au sujet
de la perte des forces du sujet dans un milieu nouveau, on
peut y remédier en m'envoyant Miller pendant une quin-
zaine de jours avant le commencement des séances, pour qu'il
vive avec moi et s'habitue à prendre confiance en ma protec-
tion.

« Quant au lieu où les séances se tiendraient, j'en propose-
rai plusieurs entre lesquels on choisirait, pour satisfaire le
mieux possible aux convenances des membres du Comité :

« *Montpellier* : belle et grande ville où réside notre doyen
d'âge, M. Sabathier ;

« *Bordeaux* : où M. Maxwell nous faciliterait bien des
choses ;

« *Grenoble* : dont les environs offrent des courses intéressantes dans les intervalles des séances ;

« *Le Vésinet* : tout près de Paris, où l'un de mes amis nous
offrirait pour les séances l'hospitalité de sa villa que j'habiterais
avec Miller. — En résumé, Monsieur le Professeur, je ne puis,
en ce moment, accepter vos généreuses propositions, mais je
me mets à votre entière disposition pour organiser en France

et à l'époque qui vous sera la plus commode, les expériences avec Miller dans les conditions que j'estime les plus favorables pour agir sur l'opinion de mes compatriotes.

« Veuillez agréer, Monsieur le Professeur, l'expression de mes sentiments de haute considération. »

A. DE ROCHAS.

*
* *

Bien que ces paroles aimables et si pleines de promesses pour l'avenir, du comte de Rochas d'Aiglun, m'aient fait le plus vif plaisir, je regrette cependant, pour la cause même, qu'il n'ait pu se rendre à l'invitation que je lui ai faite de venir ici. J'espérais que si M. de Rochas avait pu officiellement se prononcer en faveur des phénomènes extraordinaires que j'ai obtenus avec Miller, un service essentiel eût été rendu à l'occultisme. Je lui répondis dans ce sens avec la remarque que je ne tarderais pas à retourner à San Francisco — distant de 500 milles d'ici — et que je verrais s'il me serait possible de faire plus tard le voyage de France avec Miller, ce qui dépendait surtout de son état de santé éventuel.

Du reste Los Angeles n'est pas entièrement dépourvu de ressources artistiques en hiver ; Paderewski a été ici : C'est sans doute le plus fort pianiste de l'époque, et le mystique est loin de lui être étranger, m'a-t-on dit. Hier et avant-

hier, les 17 et 18 avril, la « Conried Metropolitan Grand Opera
Company « de New-York a même représenté Parsifal et Lucie
de Lammermoor ; naturellement ce n'était pas dans un
théâtre européen, mais dans un bâtiment blanchi à la chaux,
ce qui n'empêcha toute la société riche du Sud de la Californie
de s'y trouver en grande toilette. Je saisis cette occasion pour
dire que le sexe féminin a certainement ses plus beaux représentants en Californie. La musique de Wagner a le don de
me fatiguer vite, mais Marcella Sembrich dans le rôle de Lucie
et Enrico Caruso dans celui d'Edgard, m'ont procuré une
vive jouissance, à laquelle je ne m'attendais pas dans le Sud
Californien presque tropical. Mais voilà ! le dollar a une puissance magnétique et les étoiles des scènes européennes sont
toujours des hôtes bienvenus en Californie.

De vieux souvenirs s'éveillèrent en moi ; je me remémorai
l'époque où j'écoutais les œuvres des grands compositeurs à
Berlin et à Dresde, à la Hofburg de Vienne, au grand Opéra
de Paris, au théâtre de Drurylane à Londres, à San Carlo, à
Naples, à la Scala de Milan, au magnifique Opéra de Saint-
Pétersbourg et au Bijou de Monte-Carlo. Récemment encore, lors de mon retour d'Egypte, pendant une escale du
navire à Naples, la nuit, j'entendis Carmen au théâtre San
Carlo. Bien des fois cependant je suis saisi de la nostalgie
de la culture européenne.

V

L'Océan Pacifique, comme je l'ai dit, est à environ trois quarts d'heure de Los Angeles. Depuis Port Los Angeles jusqu'à San Pedro — les deux points extrêmes au nord et au sud — on rencontre plusieurs stations balnéaires : Santa Monica, Redondo, Long Beach, Playa del Rey, Ocean Park, toutes plus ou moins primitives. Si l'on présente des observations, l'Américain répond : « Que voulez-vous ? California is a new country, » et il a évidemment raison. La meilleure station est Ocean Park, mais ce n'est ni un Ostende, ni un Nice ! Or hier, le 24 avril 1905, je pris le tramway électrique, traversai des guérets où tout était mûr pour la moisson, passai devant *Hollyhood*, une colonie française, et le long des contreforts de la Sierra Madre sud-californienne, enfin arrivai à Ocean Park où je me proposais de respirer l'air maritime et d'admirer la magnificence de la flore qui s'étend jusqu'aux bords immédiats de l'Océan. Je m'amusai à nourrir les pélicans qui, avec la mouette, peuplent l'Océan et me rappelaient l'Egypte. Je fus frappé d'une annonce fixée à un cottage situé près de la mer : « Madge », « The Romany Gipsy Queen », palmiste et clairvoyante et voyante au cristal. Cette dernière qualification m'intéressait surtout. Quant aux palmistes (chiromanciennes) ou clairvoyantes, dont chaque ville possède plusieurs, je les avais visitées par douzaine et pour les trois quarts trouvées ignorantes, ayant

puisé leur science dans des livres sans valeur ; mais chaque
visite rapporte un dollar et ces gens gagnent quelquefois de
l'argent à foison, car l'Américain, bien que d'habitude
« smart » (railleur), est superstitieux. Les extrêmes se
touchent.

Le conseiller intime, Goldberger, a bien raison d'appeler
l'Amérique le pays des possibilités illimitées (The land of
unlimited possibilities). D'ailleurs, tout médium est obligé
de payer ici 15 dollars par mois de « licence » et à San Francisco 20 dollars même. Je ne sais comment les choses se
passent dans les autres Etats de l'Amérique, mais c'est le
seul moyen pour les médiums d'y exercer leur profession —
car c'en est une ici. En Allemagne, ils ont toujours un pied
dans la maison de correction.

En France, le « Comité pour la défense des intérêts professionnels et scientifiques du spiritisme » a, en 1895, adressé
une pétition détaillée à la Chambre des Députés, à l'effet
d'obtenir le suppression du § 7 de l'article 479 du Code pénal
du 20 février 1810, interdisant de prédire l'avenir, etc., et la
création d'un certificat autorisant officiellement l'exercice
de cette honorable profession. Je ne sais pas, il est vrai, ce
qui en est advenu (1).

Une voyante au cristal, c'était du nouveau pour moi ; la
littérature occultiste m'avait bien appris l'existence de
voyantes de cette nature (2), mais jusqu'alors je n'avais pas

(1) Willy Reichel ; *Ein französischer Vorschlag...* ¡(Requête française à
l'effet de reconnaître au somnambulisme et aux professions similaires, le
droit officiel d'exercice, dans *Der Heilmagnetismus, seine Beziehung zum
Somnambulismus, Hypnotismus* (Berlin, Karl Siegismund, 3ᵉ édit, 1896,
p. 96.)

(2) La plume brillante de Du Prel a d'ailleurs décrit cette phase de l'occultisme de façon très attachante dans son intéressant roman ; *Das Kreuz
am Ferner* (Stuttgart, Cotta, 1891 ; 3ᵉ édit., 1905.)

acquis d'expérience personnelle à ce sujet. Mme M. Ingalls
— tel est son véritable nom — plaça un cristal octaédrique
plat (chinois, disait-elle) au milieu de ma main gauche, qu'il
couvrit presque entièrement et me raconta alors effectivement la plus grande partie de ma vie. Je n'en fus pas peu
surpris. Elle voyait, disait-elle, des images se montrer *symbo-
liquement* dans le cristal, apparaître et disparaître, et elle les
interprétait grâce à sa faculté spéciale. Elle vit d'abord des
instruments de médecine et dit, en premier lieu, que je devais être médecin. Je ne l'étais pas dans le sens ordinaire du
mot, mais pendant près de douze ans, j'ai fait des cures heu-
reuses. Elle me dit alors des choses d'une exactitude éton-
nante sur mes pensées, mon caractère, mes désillusions et
mes luttes (1) ; tout cela se passait dans un petit cottage,
tout au bord du grand Océan, dont les vagues déferlaient
presque contre les murs de la petite maison en bois. Les somnambules et les voyants au cristal semblent être relativement le mieux doués pour découvrir les événements passés
et futurs ; les fantômes matérialisés y sont moins aptes,
parce qu'ils ont une tendance à puiser dans la mentalité
du médium et ainsi ne peuvent guère donner des communications pures de tout alliage.

Me voici assis dans mon jardin, dans mon bosquet, écri-
vant mes impressions de la veille. Depuis près de trois ans,
je n'ai plus vu de neige ni de glace, sauf sur les sommets de la
Sierra Nevada que je vois distinctement d'ici ; c'est le pays

---

(1) Se représenter les souffrances comme une épreuve, c'est éternelle-
ment l'anthropomophisme le plus beau et le plus fécond. Il nous moralise
et nous donne de la force, a dit Ernst von Feuchtersleben : *Zur Diætetik
der Seele*. Des esprits qui prétendaient être mes guides se sont exprimés
d'une façon analogue dans leurs communications.

de l'éternel soleil, de l'été perpétuel. On sait à peine ce que c'est qu'un pardessus, et ma pelisse repose, enfouie dans de solides caisses sous la naphtaline destinée à la préserver des mites. Les plaisirs d'hiver de l'île Rousseau, à Berlin, sont complètement inconnus ici. Dans mon jardin croissent onze espèces différentes de palmiers, puis des orangers, des citronniers, des pêchers, bananiers, figuiers, ces derniers portant des fruits noirs presque aussi grands que la main. Les citronniers portent déjà de nouvelles fleurs avant que l'ancien fruit soit entièrement mûr. Le magnifique Bougainvillea avec ses milliers d'inflorescence lilas et le Bignonia jaune, grimpent aux murs de ma maison jusqu'au toit, et cela dans le soi-disant hiver. La *Deutsche Zeitung* du 7 avril courant que je viens de recevoir — il faut 18 à 22 jours à la poste pour le transport — mentionne pour Berlin 0° et la neige. Vraiment, en lisant cela je n'éprouve pas le vif désir de revoir le pays plat du nord de l'Allemagne.

Les Etats-Unis présentent, à mon avis, un côté assez fâcheux ; ce sont les sociétés de tempérance. Je ne suis pas un buveur, bien que je ne méprise pas un verre de champagne ; mais quant aux résultats auxquels sont arrivés les membres de ces sociétés, c'est presque incroyable pour nous autres Allemands. Dans les Etats de Maine, Iowa, Kansas, North-Dakota, la vente de l'alcool est absolument interdite. A Los Angeles on ne sert de la bière qu'à ceux qui font un repas complet. Et quelle bière ! Rien pour les Allemands ! Dans la société, aux lunch ou aux dîners, on ne sert presque jamais que de l'eau glacée. A l'hôtel de Louqsor, à Louqsor, en Egypte, ce fut la première fois que se présenta à moi cet aspect si comique pour des Allemands.

Au dîner, il y avait là, assis à une grande table, à droite,

une société d'Américains, à gauche une société d'Allemands.
Devant chaque couvert des Allemands était placée une bou-
teille de vin, devant ceux des Américains un verre d'eau glacée. Malgré tout, lorsque l'Américain se met à boire, il boit
plus que l'Allemand. Les histoires de suicide par suite d'al-
coolisme se lisent couramment dans les journaux. De même
que les boissons, les denrées alimentaires sont trois ou quatre
fois plus chères qu'en Allemagne, et celui qui est habitué aux
tarifs de Dressel et Hiller, par exemple, à Berlin, de la Maison Dorée à Paris, du Savoy Hôtel, à Londres, est obligé ici
de réduire fortement ses prétentions. En dehors de la dinde
à l'airelle rouge, qui est le mets national des Américains, et
des côtelettes de mouton (mutton chops), un gourmand ne
trouvera pas grand chose qui lui plaise, s'il ne se contente pas
de fruits, lesquels ne laissent, à la vérité, rien à désirer en Californie.

La « Vedanta-Society » hindoue a créé ici, comme à San
Francisco, une mission qui a, en M. Swami Sachchidananda,
un représentant et un instructeur fort aimable. Je ne suis
pas compétent pour porter un jugement sur la doctrine ésotérique du bouddhisme et le Vedanta-System. Sinnett (1)
m'a laissé froid, ce qui n'est pas une raison pour dénier tout
vérité à la théosophie hindoue. L'Hindou pieux ne craint
pas la mort, mais une réincarnation défavorable. Le monde
ne lui offre rien de désirable, de souhaitable et de véritablement intéressant que ce qui concerne Brahma (2).

Ce n'est pas le lieu ici de discuter sur la valeur de cette

(1) A. P. Sinnett. *Die esoterische Lehre oder Geheimbuddhismus* (Leipzig,
J. C. Hinrichs, 1884.)

(2) Voy. aussi *Three lectures on the Vedanta Philosophy*, by Max Mueller
(London, Longmans, Green e. Co. 1894.)

doctrine ; d'ailleurs, j'y suis trop étranger pour me former une opinion sûre à son égard ; j'ai l'impression que tout cela peut être exact, mais aussi peut ne pas l'être. Il s'agit évidemment ici de connaissances intuitives, donc de conclusions théoriques n'offrant aucune certitude. Le siècle actuel, scientifiquement positif, exige l'expérimentation pour légitimer une conviction ; aussi, bien que la théosophie n'envisage qu'avec dédain les expériences spirites, suis-je absolument convaincu qu'elle seule amènera la science peu à peu, par la voie expérimentale, à la conception d'un esprit survivant à l'enveloppe terrestre. La cosmogonie d'un A. J. Davis (1) et d'un Hudson Tuttle (2) m'est bien plus sympathique que la théorie de l'évolution que publie Sinnett comme une révélation de la théosophie hindoue ; bien que, du reste, un chapitre quelconque de l'Evangile, rendu plus clair dans son contenu, par les investigations de l'occultisme moderne, que par tous les raisonnements de l'orthodoxie, me procure personnellement un plaisir bien plus grand que le rationalisme d'un Davis, dont la « Philosophie de la mort » (3) passe pour être ce que le spiritisme de révélation a jamais produit de meilleur.

Autant que j'ai pu comprendre le dit Hindou (4), il prêche

(1) A. J. Davis : *Die Prinzipien der Natur* (Leipzig, 1869).

(2) Hudson Tuttle : *Geschichte und Gesetze der Schœpfungsvorgänge* (Erlangen, 1860,) et en particulier. *Die Philosophie der Geister und der Geisterwelt*, uebersezt von G. E. Weiss (Leipzig, O. Mutze, 1904).

(3) A. J. Davis ; *Der Arzt*, trad. allem. par le Dr G. C. Wittig (Leipzig, O. Mutze, 1874, p. 158.)

(4) Quand j'étais élève du gymnase royal Wilhelm de Berlin (Bellevuestr.) que j'abandonnai en 1876, j'ai été bourré de latin et de grec, mais de mon temps l'anglais n'était pas enseigné au gymnase. Ce n'est que peu avant

une sorte de panthéisme, dans le sens de Spinoza, lié à des idées mystiques dans le genre de celles que nous trouvons chez Xénophane, Platon, Eckart, Théophraste Paracelse, Giordano Bruno, Bœhme, etc.

Néanmoins cette idée, d'ailleurs acceptée par la noble Annie Besant, que les suicidés et les individus qui ont perdu la vie subitement par un accident, seraient les plus malheureux dans l'au-delà (1) du moment qu'ils n'auraient pas eu une vie exemplaire de pureté et de bonté, cette idée, dis-je, me paraît extrêmement discutable. Mon expérience personnelle et celle d'autres praticiens, en particulier dans le domaine de l'astrologie que j'ai étudiée dans ses meilleurs représentants, tels que Georg Wilde et Alan Leo, en Angleterre, et avant tout Kniepf à Hambourg, semblent plutôt favorables à une prédétermination absolue de la destinée humaine. Je considère comme un fait irréfragable que la chiromancie et le somnambulisme, etc., peuvent souvent nous révéler l'avenir assez exactement. Je rappellerai simplement Mᵐᵉ de Thèbes (2) à Paris, la voyante de Ferriëm à Berlin, les témoignages de Laharpe et autres en faveur des prophéties de Cazotte (3) et cent autres exemples qu'on peut trouver dans la littérature spirite. Il existe donc des prédestinations auxquelles on ne peut guère échapper ; pourquoi donc l'homme qui a été privé de la vie par un soi-disant accident,

mon départ pour les Etats-Unis que j'eus enfin le temps d'étudier mieux cette langue, de sorte que je n'ai pas encore tout à fait l'usage de bien des expressions scientifiques techniques.

(1) Annie Besant ; *Ueber Mediumismus* (Sphinx, 1894, p. 380.)

(2) *Psych. Studien*, 1896, p. 467 : 1897, p. 198, 647 et suiv.

(3) *Psych. Studien*, 1898, p. 455, par le Dʳ Walter Bormann. Voy. aussi *Zanoni* de Bulwer (Leipzig, 1842, p. 72).

qu'il ne pouvait prévoir, aurait-il à expier si gravement pour ce motif ? Le directeur actuel des *Psych. Studien*, le professeur Maier, et le conseiller aulique Seiling, ont occasionnellement donné, à propos de la justification du suicide sous certaines conditions (1), une opinion contre laquelle la plupart des lecteurs ne trouveraient guère d'objections. Si ma prédestination ne s'y oppose pas, je visiterai cependant bientôt l'Inde pour étudier, dans la mesure du possible, aux sources mêmes de la « doctrine ésotérique ».

Etant donnée la situation importante de la femme en Amérique, où elle est placée beaucoup plus haut qu'en Europe, la théosophie hindoue — le Vedanta-System est un des systèmes les plus importants — ne peut guère avoir grand succès, du moment que l'Américaine est instruite des vues de Bouddha sur le sexe féminin. C'est une doctrine analogue à celle de Schopenhauer et de Nietzsche. M. Max baron von Wimpffen (2) écrit à ce sujet « L'illuminé professe une singulière opinion au sujet du sexe faible. Toute femme, si l'occasion se présente ou si elle trouve un lieu favorable ou un séducteur convenable, commettra un péché, fût-ce avec un individu estropié, s'il n'y en a pas d'autre préférable. Caché et impénétrable, comme la route du poisson dans l'eau, est l'être féminin, l'être de ces rouées larronnes, chez lesquelles la vérité est difficile à découvrir, pour lesquelles le mensonge équivaut à la vérité, la vérité au mensonge, etc. »

Le monisme occultiste, tel que le représentent surtout

---

(1) Voyez *Psych. Studien*, 1900, p. 489, et 1901, p. 165 et suiv.

(2) *Kritische Worte ueber den Buddhismus* (Wien, Carl Konegen, 1891). Voy. Hermann Oldenberg : *Buddha, sein Leben, seine Lehre, seine Gemeinde* (Berlin, 1881) et Heinrich Kern : *Der Buddhismus und seine Geschichte in Indien,* trad. par Herm. Jacobi (Leipzig, 1882).

Hellenbach et Du Prel (1), satisfait bien mieux les besoins de la raison et de l'âme que la théosophie hindoue : telle a été toujours mon impression, et l'expérience que j'ai acquise, si faible qu'elle soit, ne fait que la confirmer.

La barrière qui s'élève entre les deux mondes, le monde spirituel et le monde matériel, peut tomber graduellement comme beaucoup d'autres barrières, et nous arriverons à une conception plus haute de l'unité de la nature. Le nombre de possibilités dans l'univers est aussi infini que son étendue. Ce que nous savons n'est rien en regard de ce que nous avons encore à apprendre. *Si nous nous contentons du demi-terrain conquis actuellement, nous trahissons les droits les plus élevés de la science* (2) !

Mon désir de revoir, une fois encore, de la glace et de la neige et de me sentir grelotter, se trouva satisfait plus vite que je ne le pensais. La « Pacific Coast Steamship Co, «, qui fait naviguer ses bateaux depuis San Diego, à la frontière mexicaine, jusqu'à l'Alaska, organise en été quelques excursions de Tacoma (Washington) jusqu'à l'Alaska, et je me fis inscrire immédiatement pour la première qui partait de Tacoma le 8 juin. De Los Angeles jusque là, il y a 60 heures de chemin de fer, et alors seulement on atteint le bateau (le voyage de Berlin à Rome exige 38 heures). Je traversai, de nouveau, comme en 1904, le Mount Schasta (14.450 pieds d'altitude) couvert de neige et célèbre par ses sources, puis passai par Portland, dans l'Oregon, où se tenait précisément l'exposition centennale, et arrivai à Tacoma qui a une situation splendide sur la mer, entourée de montagnes que do-

(1) Du Prel ; *Die monistische Seelenlehre* (Leipzig, E. Guenther, 1888).

(2) De Rochas ; *Les frontières de la science* (Paris, 1902, 1re série, p. 26.)

mine le Mount Rainier, haut de 14.400 pieds et entièrement couvert de neige. Je m'embarquai là sur le vapeur « Spokane » avec environ 150 passagers. Notre première escale fut Seattle, la seconde Victoria (île de Vancouver) qui fait partie de la Colombie britannique (Canada) ; nous remontâmes encore vers le nord pendant 42 heures, toujours naviguant entre l'île Vancouver et le continent colombien, jusqu'à ce que nous atteignîmes, comme première station, dans l'Alaska, Ketchikan où notre bateau fut reçu par une troupe d'Indiens faisant de la musique. Les Etats-Unis ont acheté, en 1867, l'Alaska, pour la somme de 7.200.000 dollars. La « House of representatives » de Washington avait fait maintes difficultés pour ratifier cet achat, car beaucoup de personnes n'y voyaient qu'un leurre. Aujourd'hui l'Alaska rapporte environ 30 millions de dollars d'or par an, abstraction faite des pêcheries d'une richesse incalculable. La Russie pourrait donc se repentir d'avoir vendu l'Alaska. L'Alaska possède la plus grande « gold stamp mill » du monde, la « Treadwell mine », dont les Rothschild de Londres passent pour être les propriétaires. Le voyage fut extrêmement beau ; dès que nous approchâmes du glacier de Takou qui monte depuis la mer, entre deux flancs montagneux, et présente une largeur d'environ un demi mille et 200 pieds de haut, nous rencontrâmes des glaces flottantes aux formes les plus bizarres et bleues comme des saphirs. Merveilleux spectacle ! Le point le plus septentrional que nous atteignîmes fut Skaguay et le White-Pass que les voyageurs sont obligés de traverser pour arriver aux champs d'or du Klondyke. Le glacier de Muir nous inondait d'un souffle glacial et lentement notre navire se frayait un chemin vers la mer de glace de Glacier-Bay. A la hauteur de Killisnoo, sur l'île Admiralty, nous fîmes une pêche fructueuse ; un flétan (halibut) de 60 livres fut la prise la plus importante. Nous fîmes également halte à Sitka, la capitale de l'Alaska, sur l'île Baranof, et visitâmes l'église grecque que les Russes y ont laissée ; ce n'est évidemment pas le Kremlin de Moscou, que j'ai visité en 1887 ; cependant elle renferme quelques peintures à l'huile qu'on ne s'attendrait pas à trouver dans ce pays délaissé. Cette région est habitée par les Indiens de l'Alaska, assez civilisés. On voit encore beaucoup de « Totem poles », idoles façonnées par ces Indiens avec un tronc d'arbre ; mais les Etats-Unis ont fait beaucoup ici et établi des missions partout. Il faisait jour jusqu'à 11 heures du soir et le soleil se levait à 2 heures du matin. Cette excursion prit onze jours ; le 19 juin 1905 nous fûmes de retour à Seattle.

J'ai donc vu les principales curiosités des Etats-Unis, sauf le Niagara près duquel j'ai passé par la nuit malheureusement, et voici comment je puis formuler mon jugement : « L'Yosemite » est splendide ; le « Yellowstone » est merveilleux le grand « Canyon of Arizona » est colossal et l'Alaska, avec ses fjords et ses montagnes, ses glaciers et ses rivières, ses possibilités et ses distances, est tout cela. Il n'est pas seulement colossal, il est aussi merveilleux et splendide ».

Dans mon voyage à Tacoma, je m'étais arrêté quelques jours à San Francisco pour revoir Miller et savoir s'il était prêt pour se rendre avec moi en France auprès de M. de Rochas. Des intérêts professionnels s'y opposaient dans le moment ; mais il me promit de m'accompagner en France en avril 1906 ; ce dont je fis part à M. de Rochas à Grenoble. Sa réponse, datée du château de l'Agnelas, le 20 février 1905 exprimait toute la satisfaction qu'il avait éprouvée de ma communication. J'espère bien réussir à emmener Miller en France le printemps prochain.

VI

Je pense devoir rendre compte encore de quelques séances qui apportèrent du nouveau. Dans une séance du 25 mai 1905, à 1 heure de l'après-midi, je vis encore une sphère blanche, semblable à de la mousseline, descendre devant le rideau, du plafond jusqu'au parquet, en flottant ; elle roula ensuite jusqu'auprès de mon siège, s'éleva, contre toute loi naturelle, le long de ma jambe gauche, s'appuya avec force contre mon cœur, puis redescendit en roulant jusqu'à mes pieds, où elle se développa rapidement en prenant une forme d'esprit, qui déclara être Jemima Clark (un médium anglais) et avoir essayé de se mettre en rapport avec mon magnétisme, mais celui-ci serait trop brûlant d'une façon générale pour servir à cette sorte d'expérience ; Jemima déclara cependant avoir réussi et exprima l'espoir que j'en avais eu du plaisir, ce que j'accordai volontiers.

C'est le même esprit qui, dans la séance d'épreuve déjà décrite, et tenue au Palace-Hôtel, avait, avec Betsy, le contrôle principal, produit les meilleurs phénomènes. L'expérience suivante n'est pas, non plus, dénuée d'intérêt : Betsy se montra devant le rideau avec Miller qu'elle pria de chercher la lampe, éloignée de 23 pieds, de sorte que nous pûmes la voir, pleinement illuminée, pendant 3 minutes, au bout desquels elle s'affaissa (1). De plus, une de mes anciennes ma-

(1) Voy. Akaskow ; *Animismus und Spiritismus* (Leipzig, O. Mutze, 1894, I, 240), et Florence Marryat ; *There is no death.* (trad. allem., Leipzig, p. 189).

lades, la veuve d'un grand-duc d'une maison régnante de l'Allemagne du Sud, vint à moi, m'embrassa avec une grande joie, donna son nom en entier et montra les mêmes allures que j'avais souvent observées chez elle de son vivant. De *faire la preuve* d'une identité devant d'autres est, tout connaisseur de l'occultisme en conviendra, ce qu'il y a de plus difficile en pareil cas. Peu après la mort c'est, semble-t-il, plus facile ; mais si l'esprit a déjà progressé en perfection, c'est-à-dire a développé surtout le principe d'amour, il s'efforce, d'après mon expérience, d'oublier de plus en plus les vilenies de la terre pour avancer toujours, et alors son identité est difficile à prouver, parce que *sa personnalité a disparu*, que *son individualité seule persiste*, et celle-ci se développe nécessairement dans une toute autre direction que ne le permet l'atmosphère ténébreuse de la terre.

J'assistai également à une séance avec le porte-voix (trumpet) : j'entendis le porte-voix voltiger dans tous les coins de la chambre, toucher les murs, des voix parler à travers lui, des petites flammes se mouvoir partout, émettant des voix ; mais comme l'obscurité était complète dans la chambre, je renonce à décrire cette séance comme particulièrement convaincante. Dans une autre séance, Betsy me dit qu'elle allait une fois me montrer ce qui se passe souvent chez d'autres médiums à matérialisations, c'est-à-dire comme quoi c'est souvent le médium lui-même qui se montre déguisé en esprit ; pour désigner le phénomène, elle se servit du terme d' « impersonation ». Elle me pria de m'approcher directement du rideau et me dit encore que le médium en trance allait sortir enveloppé de mousseline blanche et que cette mousseline disparaîtrait subitement ; et c'est ce qui arriva ! Je saisis par la main le médium qui était sorti du cabinet déguisé en esprit : les enveloppements blancs disparurent avec la rapidité de l'éclair et je tenais le médium par la main.

Durant toutes ces séances, Miller, lorsqu'il était dans le cabinet et que je voyais les fantômes sans lui, était tenu de battre des mains pour écarter de mon esprit tout soupçon que le fantôme ne serait qu'une transfiguration. Kiesewetter (1) écrit à ce sujet : « Nous nous bornerons à indiquer ici qu'il existe une sorte de pseudo-matérialisations dans lesquelles le médium, à l'état d'hypnose, joue somnambuliquement le rôle d'esprit, cas dans lesquels les enveloppes énigmatiques des esprits, enveloppes disparaissant sans laisser de traces, sont l'indice d'une activité magique au début de la psyché. »

Comme j'ai insisté plus haut sur la valeur relative des communications spirites, je n'ai aucune raison d'en émailler mes récits ; car le lecteur n'ignore plus qu'*il faut les accueillir avec un esprit critique.*

Dans l'une des séances de Miller se glissa subrepticement — le contrôle Betsy disait avoir été trop occupé pour pouvoir l'empêcher — un esprit de mauvaise nature. C'était une sprit féminin, tout noir, qui fit le tour d'un cercle de 14 personnes, les frappa presque toutes, cracha sur elles et les insulta sans répit. Moi-même elle me toucha à la jambe gauche et m'insulta en anglais : « Tu veux aller en Europe avec ce médium — I fix you, » (c'est-à-dire j'y mettrai ordre, je ferai avorter les manifestations.) — Betsy m'expliqua plus tard que cet esprit avait donné 200.000 dollars à un prêtre de l'église épiscopale, parce qu'il lui avait promis qu'elle verrait le Christ après sa mort. Cette promesse ne s'étant pas réalisée, elle

(1) K. Kiesewetter ; *Geschichte des neueren Okkultismus*, Leipzig, Friedrich, p. 607).

était dans une telle fureur qu'elle cherchait à nuire au spiritisme partout où elle le pouvait. Il existe en outre des sociétés entières d'esprits jésuites qui font la même chose et, en Europe, le spiritisme serait déjà beaucoup plus avancé s'il n'avait à souffrir des attaques furieuses de semblables esprits, dont l'influence et les pensées forment comme un mur suspendu sur l'Europe (1). « L'Eglise ne veut pas perdre sa puissance (2). »

L'Eglise ne veut pas perdre les fleuves d'or, les millions qui chaque année vont se déverser à Rome sous le nom de denier de saint Pierre, et le bonheur de l'autre monde dépend des indulgences achetées de l'Eglise. Le successeur du Christ est devenu le directeur de la banque vaticane. On ne peut plus dire : « Fais paître mes agneaux ! » Mais « Tonds mes brebis ! » (3).

A San Francisco j'eus l'occasion de connaître une deuxième voyante au cristal, qui m'avait été recommandée par des amis. Elle s'appelait Mlle M. Wille (310 Ellis-Str.) Elle ne fut pas inférieure à Mme Ingalls dont j'ai déjà parlé ; mais elle se servait d'une boule de verre, du volume d'une bille ordinaire d'enfant. Dans cette boule, que je tins en main pen-

---

(1) Voy. Friese ; *Stimmen aus dem Reich der Geister* (Leipzig, [O. Mutze, 1897, p. 92).

(2) En 1887, je visitai le Vatican à Rome et compris dès lors toute la puissance de l'Eglise catholique. La magnificence colossale du Vatican ainsi que de l'église Saint-Marc de Venise, dans laquelle j'entendis un *Te Deum* accompagné de trompettes, qui m'impressionna jusqu'aux moelles, et le Kremlin de Moscou, exercent déjà par eux-mêmes une très grande influence sur l'homme ordinaire, à plus forte raison quand il s'y joint des processions, et moi-même, bien que protestant, je n'ai pu me soustraire à cette influence.

(3) Du Prel ; *Der Tod*, etc., p. 111 et suiv.

dant trois minutes, elle vit se dérouler sous forme d'images mon existence passée dans ses principaux événements.

Lors de mon voyage en Alaska, j'avais emporté, pour le lire en route, le « Parerga und Paralipomena » de Schopenhauer ; j'y ai noté le pasage suivant : « Ni nos *actions*, ni *les événements de notre vie ne sont notre œuvre*, mais contrairement à ce que l'on pourrait penser, ils sont toute *notre essence et notre être*. Nos actes et notre vie sont fatalement déterminés du fait qu'il existe un enchaînement rigoureux de toutes les circonstances et de tous les événements de notre existence. Ainsi, dès la naissance de l'homme, le cours de son existence est irrévocablement déterminé, jusque dans ses détails, de sorte qu'un somnambule éminemment puissant pourrait le décrire exactement à l'avance. Nous ne devrions pas perdre de vue cette grande et éclatante vérité lorsqu'il nous arrive d'envisager et de juger notre vie, nos actes et nos souffrances. »

Voici comment s'exprime Du Prel pour résumer son système, conçu d'après les mêmes idées (1) : « Je suis d'avis que l'homme a accepté de son propre chef la vie terrestre, qu'il est son propre produit de développement, que toutes les innombrables plaintes qu'il adresse à Dieu, au Sort ou à la Nature, il devrait se les adresser à lui-même, qu'enfin les souffrances de cette vie tournent à l'avantage transcendantal de notre être. »

A.-J. Davis (2), de son côté, nie absolument le libre arbitre :

(1) Du Prel tire ces conséquences de sa théorie de la préexistence du sujet transcendantal, en admettant que l'acte volontaire de celui-ci, concernant sa réincarnation, coïncide avec l'impulsion générative des parents. Dans la brochure de Bernhard Forsboom, un ami de Du Prel, intitulée *Kundgebungen des Geistes Emanuel* (Messages de l'esprit Emmanuel) les mêmes idées sont exprimées par cet esprit.

(2) A. J. Davis ; *Der Lehrer* (Leipzig, 1880, p. 253 et suiv.).

« La doctrine, dit-il, du libre arbitre et de la libre action de l'âme est positivement contredite par tout ce qui se voit dans la nature ou chez l'homme » et il développe longuement cette assertion. Le baron Hellenbach (1) s'exprime comme il suit : « Nous avons reconnu que le libre arbitre n'est, dans le monde des phénomènes, qu'une apparence et rentre dans les préjugés du sens commun, d'une façon analogue à la personnalité et à toute la nature, dont le substratum et les facteurs réels résident dans un monde intelligible. »

Hellenbach a encore ailleurs exprimé en détail ses vues sur le libre arbitre apparent. D'après mes expériences avec des somnambules et des médiums, qui possédaient la faculté de prévoir l'avenir, l'homme a sa route toute tracée ; il ne peut la modifier et subit par là des épreuves destinées à développer son caractère. Il est de son devoir de la suivre avec humilité, d'après l'exemple du Christ et en s'en remettant à la parole du Christ. Le Christ, par exemple, devait être trahi, et c'est Judas qui fut induit dans la tentation de le faire ; ce dernier n'aurait pas été obligé d'y obéir — et c'est là son péché — mais alors un autre représentant de l'espèce « homme » l'aurait fait !

La terre est pour la plupart des hommes une vallée de désolation ; mais même une période de 80 ans n'est, comparativement à l'éternité, que l'équivalent du rêve d'une nuit, et qui n'a pas connu le malheur est incapable d'apprécier le bonheur qu'offre la vie dans l'au-delà. Telle est la quintessence de toute sagesse pour les vivants.

« La fatalité qui préside à nos actes paraît nous dégager de

(1) L. B. Hellenbach ; *Die Vorurteile der Menschheit* (Leipzig, O. Mutze, II, p. 92). Voy. aussi son ouvrage peu connu, mais très *important* : *Die Magie der Zahlen* (ibid).

toute responsabilité, et cependant chacun, pour peu qu'il ait quelque supériorité sur l'animal, sent que cela n'est pas. Sa satisfaction ou son mécontentement après tout acte accompli s'y opposent formellement ; chacun sent qu'il aurait dû en réalité agir de telle ou telle façon. Il n'y a pas de doute que le sentiment du devoir existe en nous ; même le criminel sent, dans certaines circonstances, qu'il a fait une chose qu'il n'aurait pas dû faire. C'est de ce sentiment du devoir qu'est née la croyance en le libre arbitre ; nous avons vu que celui-ci n'est qu'apparent, et cependant nous avons le sentiment de la responsabilité — non pour notre action, mais pour notre être (1). »

Schopenhauer, de son côté, n'a imposé aucune barrière à la responsabilité; il croit avec Kant à la possibilité de concilier la liberté avec la nécessité empirique ; il pense que l'homme ne peut, à la vérité, *agir* autrement que ne le comporte sa nature ; mais il pourrait *être* autrement ; de là il résulte que la responsabilité n'atteint pas l'acte, mais toujours le caractère de celui qui l'a commis. L'expression : « Je suis honteux d'avoir *fait* telle chose » est un préjugé de sens commun et devrait se formuler : « Je suis honteux d'être *construit* de façon à pouvoir ou devoir faire telle chose ; j'aurais *dû* agir, c'est-à-dire être autrement. « L'explication donnée par Du Prel (2) et d'après laquelle le sujet trancendantal est en même temps le principe organisateur de notre être, ce qui fait de nous le propre architecte de notre corps terrestre, fait mieux comprendre les idées de Schopenhauer et de Hellenbach.

Magnifiques sont les vers écrits par la princesse Mary Ka-

(1) Hellenbach : *Die Vorurteile der Menschheit*, II, p. 90.

(2) Du Prel : *Die Philosophie der Mystik* (Leipzig, E. Guenther, 1884) et *Die monistische Seelenlehre* (ibid., 1888).

radja (1) sous l'inspiration médiumique; aussi les reproduisons-nous ici :

« L'homme ne doit pas s'élever contre les desseins du Très-Haut ; il n'a pas autorité sur la vie et la mort ; c'est pour lui *nécessité* d'acquérir l'expérience de la vie terrestre, et il ne lui est pas loisible d'y échapper. — Le corps n'est qu'un vêtement dont il se dépouille, quand il est usé, quand l'âme est prête à s'en dégager, mûre pour la transformation. »

Gœthe (2) a exprimé la même pensée comme il suit :

« Et c'est encore une fois comme le voulurent les étoiles ;
Conditions, loi et volonté générale
Ne sont une volition que parce qu'il le fallait,
Et devant cette volonté le libre arbitre reste muet :
Ce que l'on a de plus cher on le chasse indignement de son cœur,
Volonté et caprice s'accommodent à la dure nécessité,
Ainsi nous ne sommes libres qu'en apparence, après maintes années,
Et plus enchaînés que nous ne l'étions au début. »

Aujourd'hui , 18 juillet 1905, j'ai reçu la livraison de juillet de *Psych. Studien*, et j'y lis que le professeur Richet (3) a proposé d'employer le terme de *métapsychique* pour tout le domaine de recherches désigné habituellement sous le nom de « science occulte. » Comme ce terme nous paraît très heureusement choisi ainsi qu'au directeur de *Psych. Studien*, je l'emploirai désormais.

---

(1) Mary Karadja ; *Mot Ljuset* (Vers la lumière), Stockholm, ouvrage dont une traduction française doit paraître incessamment.

(2) Gœthe ; *Ananké* (nécessité), dans *Gott und Welt* : (Leipzig, Bibl. Institut, I, p. 324).

(3) Ludwig Deinhard ; *Der 5. Internationale Psychologen-Kongress in Rom* (Psych. Studien, 1905, p. 405).

Ici à Los Angeles, au Mineral Park, un « Camp-meeting » spiritualiste a tenu ses assises du 25 juin au 25 juillet 1905 comme chaque année. Il s'est réuni là une douzaine de médiums de tout caractère, mais aucun d'entre eux n'a été utilisable. Des pseudo-médiums de ce genre sont plus nuisibles qu'utiles, en raison de l'incohérence des discours qu'ils tiennent. En Allemagne semblable chose serait de toute manière impossible. La police mettrait vite des entraves à ce genre de liberté, ce qui, il est vrai, équivaudrait à vider la baignoire avec l'enfant, attendu que la force brutale ne porte jamais de bons fruits. Les médiums bons et sincères sont rares effectivement et les gouvernements devraient plutôt désigner des experts compétents pour examiner les phénomènes et éprouver les médiums authentiques ; mais quand en arrivera-t-on là, surtout en Allemagne ?!

Hier (1er août) je visitai sur recommandation une jeune dame qui s'appelle « Cléo », psychiste et clairvoyante, et habite 210 Mercantile place. Elle parle anglais et allemand, mais ce dernier peu couramment, bien qu'elle prétende être née à Emden (Frise orientale).

Elle me requit d'inscrire six questions ainsi que mon nom et ma date de naissance et de lui remettre le papier sous enveloppe fermée ; je le fis dans une seconde chambre et lui remis ensuite l'enveloppe fermée. Elle la prit dans la main et me récita aussitôt couramment mes questions et mon nom dans l'ordre d'inscription ! Pour cette Cléo c'eut été un jeu de gagner le prix Burdin de 3000 francs (1), dont la non-attribution a fait affirmer faussement aux professeurs Buchner et

---

(1) Dr Pigeaire : *Puissance de l'électricité animale* (Paris, 1839, p. 116, 118) ; Dr Frappart : *Lettres sur le magnétisme et le somnambulisme à l'occasion de Mlle Pigeaire,* p. 23.

C. Mendel la non existence de la clairvoyance. Du Prel a répondu à la falsification des actes originaux de la part du professeur Mendel d'une manière (1) véritablement classique. On a peine à croire qu'un médecin de renom comme le professeur Mendel a pu lancer dans le public une élucubration aussi pitoyable. Cléo me prouva, en ce qui concerne mon passé, d'une façon irréfragable, qu'elle possède le don de clairvoyance ; quand aux prédictions d'avenir qu'elle m'a faites, il faut attendre ; j'appris cependant avec plaisir que je n'avais plus que 5 à 6 ans à rester sur cette terre ; j'espère qu'elle ne s'est pas trompée ! Je me trouve dans les mêmes dispositions d'esprit que Thomas Hobbes qui, après avoir demandé à son médecin s'il pouvait encore espérer vivre, reçut de lui le 4 décembre 1679 une réponse négative et ajouta ensuite : « Alors je vais être heureux de trouver une fissure à travers laquelle je pourrai me faufiler hors de ce monde. »

Du Prel (2) exprime la même idée, lorsqu'il écrit : « Si donc nous guérissons, par la mort, de la vie terrestre et nous réveillons à la vie de l'au-delà, nous dirons comme Socrate mourant à son ami Criton : « Nous devons à Esculape le sacrifice d'un coq. «

De semblables exemples de clairvoyance se rencontrent très fréquemment dans l'ancienne littérature magnétique (3).

---

(1) *Prof. D*r *C. Mendel in Berlin und der Hypnotismus*, von Dr med. und phil. Carl Gerter und Dr phil. Carl du Prel (Leipzig, W. Friedrich, 1890).

(2) Du Prel ; *Der Tod, das Jenseits,* etc. (Muenchen, 1899, p. 39).

(3) Les principales sources sont : Dr Arnold Wienholt : *Heilkraft des tierischen Magnetismus* (5 vol., Lemgo, 1802) ; Dr Friedrich Hufeland : *Ueber Sympathie* (Weimar, 1811) ; Professeur C. A. F. Kluge : *Versuch einer Darstellung des animalischen Magnetismus* (Berlin, 1811) ; *Archiv. f. tierischen Magnetismus*, 12 vol., von prof. Eschenmayer, prof. Kieser, prof..

Il est seulement fâcheux qu'il soit si difficile de se procurer ces ouvrages, d'autant plus que Du Prel qui est d'ordinaire une mine précieuse pour de semblables trouvailles, n'en indique presque jamais le lieu et la date de publication.

C'est encore l'*Archiv fur tierischen Magnetimus* qui est la meilleure ressource du chercheur ; mais la plupart de ces livres moisissent dans les bibliothèques et il a fallu des années pour trouver à acheter les principaux. Les bibliothèques de Du Prel, de Carl Kiesewetter et du Dr Ed. Reich — cette dernière me parut très précieuse lors de ma visite à Scheveningen en 1900 — devraient être réunies et conservées.

On sait assez, et de reste, que l'histoire du magnétisme animal constitue une tache indélébile dans l'histoire de la médecine. On n'oubliera pas que ce sont des médecins qui chassèrent honteusement le génial Mesmer, parce qu'il guérissait les malades sans pilules ; j'ai éprouvé à peu près le même sort, bien que la commission de onze médecins nommés par l'Académie de Paris pour examiner le magnétisme et le somnambulisme, se prononça, en 1831, après cinq années de travail, à l'unanimité *en faveur* du magnétisme, et confirma tous les remarquables phénomènes attribués au somnambulisme (1).

Nasse, prof. Nees von Esenbeck (Altenburg, Brockhaus. 1817-1824) ; Prof. Nees von Esenbeck : *Entwickelungsgeschichte des magnetischen Schlafs und Traums* (Bonn, 1820) ; Dupotet : *Traité complet de magnétisme animal,* 4e édit. (Paris, 1879) ; Prof. J. Ennemoser : *Anleitung zur mesmerischen Praxis* (Stuttgart, 1852) ; Dr Georg Barth : *Der Lebensmagnetismus* (Heilbronn, 1852) ; Freiherr von Reichenbach : *Der sensitive Mensch* (Stuttgart, 1854) ; Justinus Kerner : *Die Scherin von Prevorst* (Leipzig, Reclam, S. A.) ; Cahagnet : *Magnétisme. Révélations d'outre-tombe* (Paris 1856) ; Deleuze . *Instruction pratique sur le magnétisme animal* (Paris, 1825).

(1) Prof. Dr J. Ochorowicz ; *Magnetismus und Hypnotismus* (Leipzig O. Mutze, 1897, p. 75).

Le professeur Ed. Gasc Desfossés (1), qui a coordonné fort bien les faits les plus récents du magnétisme, écrit :

« La doctrine du magnétisme vital aura donc fait un long stage, un long noviciat scientifique, pour triompher et pour conquérir enfin dans la science sa place légitime. — Il faut reconnaître que, tout récemment, une victoire assez importante a été remportée par l'idée du magnétisme : une décision du Ministre de l'Instruction publique, en date du 26 mars 1895, a classé parmi les grandes écoles supérieures libres l'*Ecole pratique de magnétisme et de massage*, fondée par M. le professeur H. Durville et placée sous le patronage de la *Société magnétique de France* (2). »

Certes il se trouve quelques exceptions honorables même parmi les médecins allemands ; c'est ainsi que le médecin principal en retraite, Von Stuckrad, a établi le rapport suivant, que je reproduis ici à son honneur et dans l'intérêt de la cause :

« A l'occasion d'un traitement effectué par M. le professeur Willy Reichel, à diverses reprises, je suis arrivé à la conviction que par l'application immédiate de la paume des mains sur diverses régions du corps, une influence vivifiante et extrêmement bienfaisante est exercée par le magnétiseur sur le malade, influence qu'on peut très justement comparer à un courant agissant sur le système nerveux et le fortifiant ; sous la paume des mains, je ressentis immédiatement un développement de chaleur et celle-ci se répandait rapidement dans tout le corps, en s'irradiant en tous sens, que l'application des

---

(1) *Magnétisme vital* (Paris, Société d'édit. scientif., 1897. p. 26).

(2) Voyez Willy Reichel ; *Der Heilmagnetismus*, etc. (3e édit., Berlin 1896, p. 90 et suiv., et *Journal du magnétisme*, 50e année (Paris, avril 1895.)

mains eût été faite sur le dos, à côté du rachis, ou au creux épigastrique ou dans la région cardiaque. L'action immédiate de chaque traitement magnétique consistait en une sensation indéniable de chaleur, d'invigoration et de vivification, liée au bien-être procuré par des inspirations profondes, répétées. Tout ce que j'ai appris jusqu'à ce jour sur l'efficacité du magnétisme vital, grâce surtout aux cures bien nettes obtenues dans diverses maladies, me fait exprimer le souhait ardent *qu'il soit étudié à fond partout et employé largement dans les hôpitaux de toute nature*, souhaits que justifient pleinement et sans réserve les faits publiés et la pratique de bien des années antérieures. »

Dr Von Stuckrad,
médecin principal en retraite.

Berlin, août 1894.

Du Prel (1) dit : «Le fait accidentel qu'un médecin, Mesmer, découvrit le magnétisme animal, a bien été la raison déterminante pour laquelle il a été aussitôt étudié dans ses actions physiologiques, donc considéré comme une branche de la médecine. Mais les circonstances sont ici très complexes, ce qui explique la lutte sans fin contre la médecine officielle. Reichenbach transporta les investigations dans le domaine de la physique, où les preuves sont moins sujettes à objection. En somme, on peut affirmer qu'aujourd'hui l'existence du magnétisme animal est *démontrée* : 1o par les modifications physiologiques qu'il détermine dans le corps des malades ; 2o par les phénomènes lumineux qui y sont liés ; les sensitifs

(1) Du Prel ; *Der Tod, das Jenseits*, etc., (Muenchen 1899, p. 21.)

voient la lueur odique à l'état de veille dans la chambre noire, les somnambules à l'état de sommeil sans chambre noire ; 3° par divers phénomènes de mouvement provoqués par la radiation odique, par exemple par la déviation de l'aiguille aimantée, etc., 4° par les modifications chimiques de la plaque photographique. Mais il y a toujours encore des négateurs de parti-pris.

Parmi les médecins, c'est un mot d'ordre d'attribuer l'action du magnétisme à la suggestion ; ce ne serait pas une transmission de force vitale, qui guérirait le malade, ce serait l'action exercée sur son esprit, donc la suggestion ou l'auto-suggestion. Cette objection est *ce qu'il y a de plus borné*, car la suggestion, que je donne à un malade, est une représentation cérébrale et rien de plus. Cette simple représentation ne peut guérir le malade comme telle ; elle ne le peut que dans le seul cas où le cerveau du percipient dispose d'une somme de force vitale telle que, dirigée sur la partie malade par la suggestion, elle détermine la guérison. Dans la cure mesmérique, la force vitale du magnétiseur est transmise à un organisme étranger ; dans le traitement par suggestion, c'est le magnétisme du malade lui-même qui est mis en mouvement et se dirige sur le siège de la maladie. Affirmer que la simple représentation cérébrale puisse guérir, sans intermédiaire entre le cerveau et le siège de la maladie, c'est admettre un effet sans cause.

Maintenant que les physiciens de l'Université de Nancy, Charpentier et Blondlot, ont fait à l'Académie des sciences de Paris une communication à l'effet de prouver que le corps humain émet des radiations lumineuses analogues à celles émises par l'énigmatique radium, il y a lieu d'espérer que la science officielle finira par être convaincue de l'existence du magnétisme humain. C'est que nous vivons à une époque où il est journellement question de nouveaux phénomènes lumineux, de nouvelles vibrations éthériques —témoins les découvertes de Hittorf, Crookes, Rœntgen, Becquerel, Curie, Le Bon, etc.

Mais à la majorité des médecins s'appliquent toujours encore, malheureusement, ces paroles de Schiller sur le savant de profession (Brotgelehrter) : « Chaque extension de la science alimentaire l'inquiète, parce qu'elle lui amène un nouveau labeur ou rend le travail antérieur inutile ; chaque nouveauté le fait sursauter, car elle brise l'ancien moule de l'enseignement, qu'il s'est si péniblement approprié ; elle le met en danger de perdre tout le labeur de sa vie antérieure. Qui a le plus décrié les réformateurs que la foule des savants de profession ? Qui plus qu'eux entrave la marche des révolutions utiles dans le domaine du savoir ?

« Toute lumière allumée par quelque génie heureux, dans n'importe quelle science, fait voir leur pénurie ; ils luttent avec amertume, perfidie, désespoir, parce qu'en défendant leur système d'enseignement, ils défendent leur existence même. Aussi, n'y a-t-il pas d'ennemi plus irréconciliable, pas de collaborateur plus envieux, personne pour traiter plus facilement les autres d'hérétiques que le savant de profession. (1) »

Mais voici venir la fin de ce compte rendu serré de mes études et observations des dernières années dans le domaine métapsychique. Après avoir vu un grand nombre de médiums de toute nature, je dois reconnaître que même là, où

(1) Schillers *Werke* (Cotta, 1877, 4. Ausg., p. 214); *Was heisst und zu welchem Ende studiert man Universalgeschichte ?* Eine akademische Antrittsrede.

il s'agit de performances authentiques, une partie de leurs communications repose manifestement sur la *télépathie*. Il ne faut jamais perdre de vue qu'*ils disent ce qu'on aime à entendre et ce qui est contenu dans notre propre conscience*, c'est-à dire ce qu'on espère voir arriver. Certes il y a des exceptions rares — j'en ai connu —, mais même dans ce cas il faut nécessairement tenir compte du facteur télépathique. Le député du Reichstag et prédicateur de la cour en retraite, Stocker, n'a donc pas tout à fait tort en mettant en garde contre les dangers et les abus du spiritisme (1). C'est une épée à deux tranchants, et ne devraient s'en occuper que des personnes d'un caractère éprouvé et d'une culture scientifique sérieuse. Quiconque n'a pas le pied ferme peut descendre à l'abîme en accordant aux médiums une confiance absolue, alors que leurs dires sont *simplement le reflet de nos propres idées*, en tant qu'il s'agit de spiritisme de révélation. Le professeur Crookes a fait avec raison, en 1874, la réponse suivante à une dame russe qui lui demandait s'il était spirite.

« Je suis convaincu d'une chose, *c'est qu'il existe des êtres invisibles et intelligents qui prétendent être les esprits de personnes décédées*. Mais je n'ai jamais obtenu la preuve qu'ils étaient réellement les individus qu'ils disaient être, preuve que j'exigeais pour y ajouter créance ; cependant je dois reconnaître *que beaucoup de mes amis affirment avoir effectivement obtenu les preuves désirées, et à plusieurs reprises je n'ai pas été éloigné d'arriver à cette même conclusion*. (2) »

La *mystification* est l'un des phénomènes les plus fréquents

(1) Voyez *Uebersinnliche Welt*, août-septembre 1900, p. 355, et *Psych. Studien*, 1900, p. 186.

(2) Professeur Angelo Brofferio; *Fuer den Spiritismus*, uebersetzt von Fritz Feilgenhauer (Leipzig, Max Spohr, 1894, p. 319).

du spiritisme. Mais n'existe-t-il pas de bons écus, parce qu'il y en a de faux ? Il est très fâcheux que les ouvrages classiques de de Rochas (1) n'aient pas encore été traduits en allemand. Il a montré que de l'homme *vivant* se détache une sorte de noyau, émané du fond de l'être, qui vit, sent, agit et pense, de sorte que la preuve expérimentale de l'immortalité réside déjà dans l'animisme. Un Kardec a été traduit, tandis que la traduction d'œuvres concernant des recherches d'une importance si capitale et d'un intérêt scientifique indéniable se laisse attendre ; et c'est ce qui explique peut-être, en partie, qu'au Congrès international de psychologie à Munich, en 1896, les représentants de la science officielle ne nous ont montré qu'une psychologie sans psyché. Sans doute on pourrait énumérer des centaines de savants étrangers de premier ordre qui sont favorables à la métapsychique, mais la science officielle, surtout en Allemagne, considère toujours encore comme de mauvais goût de s'en occuper. Néanmoins le temps approche où l'on pourra dire : « Sic derisa diu tandem bona causa triumphat. « (Ainsi triomphe enfin la vérité longtemps méprisée.)

Le profond penseur que fut Du Prel fait remarquer avec raison que : « Du point de vue du matérialisme, pour lequel l'amour et le mariage sont d'ordre physique et n'ont rien de métaphysique, *le mariage* — et telle fut aussi, paraît-il, l'opinion d'Alexandre de Humboldt (2) — *n'est autre chose qu'un crime; car les parents n'ont pas le droit, pour leur seul plaisir, de mettre au monde un nouvel être, de lui donner une existence*

(1) *Les états profonds de l'hypnose ; — L'extériorisation de la sensibilité ; — L'extériorisation de la motricité ;* — et prof. Max Seiling ; *Die Seelenlehre du Prel's* (Iéna Costenoble, 1899, p. 160.)

(2) Voyez Mainlænder : *Philosophie der Erlœsung*, I, p. 349.

qui ne saurait être qu'une duperie, du moment que lui manque-
rait la raison d'être métaphysique. Si donc l'amour s'identifie
avec l'acte de volonté transcendantale de l'être qui réclame
l'existence terrestre, le mariage se trouve justifié (1). »

Dès lors, quiconque désire entrer en relation avec les esprits
sérieux qui flottent entre ciel et terre, doit le faire avec une
certaine réserve ou méfiance, ce qui ne gâte rien ; mais quiconque ne se sent pas le *cœur* plein de joie à leur approche, et
en est même péniblement affecté, parce que méfiant dans
son cœur, doit les éviter, car il ne les retiendra jamais ! Nous
mêmes, hommes de chair et d'os, n'aimons à rester que là où
nous sommes les bienvenus. (2)

Le 19 août 1905, je trouvai encore l'occasion de visiter les
champs d'or nouvellement découverts de la Nevada. Le
voyage pour y arriver est assez compliqué, car bien que la
Nevada soit limitrophe avec la Californie, il n'existe pas de
chemin direct, mais on est obligé de passer par San Francisco
pour atteindre Reno, dans la Nevada ; de là une ligne de se-
cond ordre construite par trois sociétés différentes, conduit à
Tonopah. De los Angeles à Tonopah, il faut deux jours et
deux nuits. Lorsqu'on veut se rendre de San Francisco au nord
ou à l'est, on est obligé de traverser deux fois la baie. On se
rend d'abord à Oakland par « ferryboat », puis la ligne suit la
baie pendant une heure jusqu'à Port Costa, où tout le train
est déposé « sur un ferryboat » à vapeur, qui le transporte de
l'autre côté de la baie à la station Benicia. Ce transport de
tout un train par un bateau est une chose très intéressante

(1) Du Prel ; *Die Philosophie der Mystik* (Leipzig, Guenther, p. 472).
(2) Paroles d'Hellenbach dans *Die neusten Kundgebungen einer intelli-*
giblen Welt (Leipzig, 1899, p. 61.)

pour qui ne l'a pas vu. Un « ferryboat » peut ainsi transporter 38 wagons de marchandises et 20 wagons de voyageurs. Ici du moins la baie est calme ; mais lors de mon voyage en Alaska, notre train fut transporté également, entre Portland et Tacoma, sur un « ferryboat » pour traverser la rivière Columbia, qui est large et torrentielle. Je ne me rappelle pas avoir jamais vu semblable moyen de transport en Europe.

Le chemin de Reno à Tonopah est d'abord très joli, mais après cela il traverse le désert ; on voit bien encore des montagnes de part et d'autre (le versant oriental de la Sierra Nevada), mais c'est la désolation partout sauf au niveau du Walkersea, qui fait diversion sur une étendue de 40 milles.

Tonopah est une ville de chercheurs d'or dans la vraie acception du mot. Salons, amusements de toutes sortes, maisons de jeu avec roulettes à la Monte-Carlo ; seulement on ne voit pas ici de billets de mille francs, mais des pièces d'un dollar, et tout se passe sous des tentes ou dans des chais de bois sales et sans aucun ornement d'art. J'ai couché, à un soi-disant hôtel (Merchant-Hôtel), dans une pièce que la vachère de Nussdorf sur Inn, dans la Haute-Bavière, où j'habitai en 1897 chez un montagnard (1), refuserait comme inacceptable (2).

Toute la région montagneuse aux alentours de Tonopah est bouleversée par les chercheurs d'or et le sable du désert passe en tourbillonnant dans cette localité extrêmement

(1) W. Reichel (*Psych. Studien*, 1897, p. 488.)

(2) Le plus mauvais hôtel que j'aie rencontré dans mes voyages se trouve à Vera-Cruz, sur le golfe du Mexique, car il n'y avait même pas de toit. Dans la Moyenne-Égypte on recouvre les matières fécales de sable au lieu de les traiter par l'eau, ce qui est fort bien, puisque l'eau y manque généralement.

primitive. De Tonopah des automobiles conduisent à Gold-field, à travers le désert, à fond pierreux, couvert de gravats et de sable, de sorte qu'en deux heures on peut faire le trajet de 31 milles qu'il y a jusqu'à Goldfield. On éprouve un senti-ment bien particulier en traversant le désert au soleil cou-chant. Il n'y croît rien que des broussailles désséchées et çà et là des yuccas.

Goldfield est une ville composée de tentes dans un fond de vallée que traversent constamment des tourbillons de pous-sière. Mais je tins à aller plus loin encore dans le « Rolston desert », entre Goldfield et Bulfrog. Une tente au milieu du désert était ma chambre à coucher.

Les mines de Goldfield ont, en moins de deux ans, rapporté plus de 4 millions de dollars d'or. Le plus fâcheux, c'est le manque d'eau, de sorte qu'il faut la transporter en tonneaux, dans des wagons, sur une distance de 20 milles ; mais la foule y afflue malgré tout et la compagnie du chemin de fer cons-truit actuellement une route voiturable pour s'y rendre. Les serpents à sonnette et les lézards sont les seuls animaux qui vivent là, et il est bon que le serpent à sonnette ne quitte sa retraite qu'à l'ardent soleil de midi ; autrement on serait exposé à des visites désagréables sous une tente ouverte.

Dans le désert de Nevada je laissai, comme jadis dans le désert libyque, en Egypte, la grandiose nature agir sur mon âme blessée, au coucher du soleil. Comme Flammarion (1), l'astronome de Paris, dit dans son livre, au sujet de l'infini-tude de l'espace : « Permettez-moi, par une comparaison vul-

(1) *Les merveilles célestes*, Paris, 1905, p. 13. — Voy. W. Erdensohn ; *Dasein* und *Ewigkeit* (Leipzig, O. Mutze, 1889, p. 2).

gaire, de vous dire que nous nous mettons à cheval sur un rayon de lumière, et que *nous* nous laissons emporter par sa course rapide. Prenant la terre pour point de départ, nous nous dirigeons en droite ligne vers un point quelconque du ciel. Nous partons. A la fin de la première seconde, nous avons déjà parcouru 300.000 kilomètres ; à la fin de la deuxième 600.000. Nous continuons. Dix secondes, une minute, dix minutes sont écoulées... cent quatre vingt millions de kilomètres ont passé. Poursuivons pendant une heure, pendant un jour, pendant une semaine, sans jamais ralentir notre marche ; pendant des mois entiers, pendant un an... La ligne que nous avons parcouru est déjà si longue, qu'exprimée en kilomètres, le nombre qui la mesure surpasse notre faculté de compréhension et n'indique plus rien à notre esprit : ce sont des trillions, des millions de millions.

« ... Où sommes-nous? Depuis longtemps nous avons franchi les dernières régions étoilées que l'on aperçoit de la terre, les dernières que l'œil du télescope a visitées ; depuis longtemps nous marchons en d'autres domaines, inconnus, inexplorés. Nulle pensée n'est capable de suivre le chemin parcouru ; les milliards joints aux milliards ne signifient plus rien ; à l'aspect de cette étendue prodigieuse l'imagination s'arrête, anéantie... Eh bien, et c'est ici le point merveilleux du problème, *nous n'avons pas avancé d'un seul pas dans l'espace.* »

En me reportant à cette belle page de Flammarion et à l'infini qui nous enveloppe, j'eus pleine conscience de la petitesse des préjugés humains et de l'inanité d'une conception de l'univers, qui ne veut laisser subsister que le matérialisme, alors que les représentants scientifiques de la métapsychique prouvent que leurs adversaires passent sous si-

ᶦence les preuves les plus convaincantes, en y substituant
leurs opinions les plus absurdes, et combattent des faits que
personne ne songe à défendre pour admettre enfin, malgré
eux, des phénomènes indiscutables, tout en les attribuant à
des causes qui seraient absolument incapables de les produire.

Un fait intéressant de la séance du 24 octobre 1905, c'est
qu'on entendit subitement un très grand nombre de voix
derrière le rideau. Betsy dit que dans un des cas c'étaient
des Egyptiennes, dans un autre des Indiens, venus en foule
pour produire ce phénomène. Le 29 octobre et le 2 novembre
je fis assister le photographe Edw. Wyllie (San-Francisco,
875 Sutterstr.) pour voir ce qu'on obtiendrait sur la plaque
photographique. Les images furent prises à des éclairs lumineux et elles sont très remarquables. Outre les formes matérialisées, on trouva, en développant, l'image d'un grand
nombre d'esprits, qu'on ne pouvait voir à l'œil nu. Sur l'une
des photographies, je reconnus aussitôt un oncle que j'avais
converti au spiritisme, il y a environ 12 ans, à l'aide d'un
autre médium. ᵀl venait aujourd'hui par reconnaissance, me
dit Betsy. J'ai envoyé toutes ces photographies à M. de Rochas, attendu que la France me paraît actuellement tenir la
tête du mouvement spirite ; du moins un grand nombre
d'hommes de science de valeur s'y intéressent aux progrès
de l'occultisme.

Je demandai pourquoi il ne s'était pas formé sur la plaque
les images de personnes de connaissance, en particulier de
parents et de personnes avec lesquelles je me trouve en com-
munion d'idées, parce que je suis la même voie qu'elles ; il
me fut répondu que les êtres, qui me sont proches, sont trop
avancés en perfection pour se manifester dans la sphère ma-

térielle et qu'il leur est plus facile de se communiquer par inspiration, en contrôlant des médiums à trance ou à incarnation.

Dès que le besoin d'alimentation, l'amour sensuel et le sentiment de la propriété (1) ont perdu leur signification dans le monde intelligible (donc pour notre propre être) parce qu'ils n'ont de signification que pour le corps matériel (possédé dans chaque existence), la base et la raison d'être des différences sociales disparaissent ; les idées de distingué et de riche, et même de jeune et de vieux, n'ont plus de sens ; ce sont des fantômes. Il y a bien des différences, mais elles sont d'autre sorte, parce qu'elles reposent sur un autre critérium. Donc, au point de vue du véritable être, disparaît tout ce que les hommes estiment être les plus grands biens de la vie.

J'eus une fois de plus l'occasion d'admirer les connaissances médicales de Star Eagle. Dès la première séance, il me dit que cette fois mon magnétisme, au lieu d'être bleu, était rouge et que je souffrais d'une urocystite (il ne se servit pas, il est vrai, de ce terme technique de médecine, mais il montra par ses descriptions qu'il connaissait exactement les douleurs lancinantes qui caractérisent cette maladie). Il fallait, disait-il, un remède immédiat et il m'apporterait le lendemain un liquide, que je devrai absorber immédiatement. Le lendemain, il arriva effectivement et j'*entendis*, dans l'obscurité qui était requise pour cette expérience, des

---

(1) On sait ce que Proudhon disait de la propriété privée : « La propriété c'est le vol, » et saint Benoît la désigne dans la fameuse règle de son ordre (chap. xxxviii et xlv Salmonsweiler. 1791, p. 112 et 168) comme le scandale le plus abominable (Baron von Hellenbach's *Sozialpolitik*, Sphinx, Gera, Reuss. 1890, p. 261).

gouttes tomber dans un flacon ; il plaça alors le flacon sur ma tête et me le remit. Au bout de deux jours, mes douleurs lancinantes, aiguës, avaient disparu ! Il me dit que ce liquide était un extrait d'environ 300 herbes originaires surtout des Indes orientales et qu'un grand nombre d'esprits avaient été obligés de l'aider à préparer ce remède et à me le donner matérialisé.

Bien des faits de ce genre sont d'ailleurs relatés dans les annales de l'occultisme, mais la majorité des médecins en Allemagne, parmi lesquels la race du sud est devenue prédominante, ne veut rien entendre de cette nature. Il ne faut pas de concurrence, bien que messieurs les médecins fassent si souvent des erreurs de diagnostic et de thérapeutique. Le somnambulisme, le médiumisme, — charlatanisme ! Mais ces messieurs n'ont même pas la plus vague idée de toutes ces choses, ne savent point quel en est la véritable nature ! Ici, en Amérique, on est beaucoup plus tolérant ; la plupart des personnes instruites savent plus ou moins ce qui en est ; on n'a pas à se gêner d'en parler dans la meilleure société, et souvent, dans les journaux quotidiens et les magazines, se lisent des descriptions se rapportant à la métapsychique, de sorte que partisans et adversaires peuvent faire valoir leurs idées.

Dans la séance déjà mentionnée où Jemima Clark se présenta sous forme d'une sphère de mousseline, qui monta le long de ma jambe gauche, puis jusqu'à mon cœur, pour ensuite se matérialiser hors du cabinet, devant nos yeux, dans cette séance, dis-je, se présenta aussi un Français, M. Priet, dont la femme, ardent partisan de M. Miller, était parmi les assistants ; il se matérialisa et je reconnus sa voix. Il était effectivement mort environ dix semaines auparavant, dans un voyage en France ; je le connaissais de son vivant, et il regrettait maintenant, à l'état d'esprit, de ne pas s'être, sur terre, occupé de spiritisme autant que sa femme. Souvent, j'ai entendu des esprits exprimer un regret analogue. Ceux qui vivaient autour d'eux avaient assez souffert des railleries de gens de cette sorte, et en pareil cas les regrets sont bien tardifs !

Les matériaux accumulés historiquement, en ce qui concerne les phénomènes spirites, sont aujourd'hui devenus si abondants que même une personne qui ne les connait que superficiellement, est en droit de se demander si elle doit s'étonner plus de l'ignorance que de l'absence de raisonnement de semblables adversaires.

Le protagoniste des amis de la paix et rédacteur en chef de la « Pall-Mall-Gazette « et d. la « Review of Reviews », si connu par ses hardies révélations sur les méfaits du monde soi-disant distingué, M. Stead, nous apprend que, dans le dernier quart de siècle, il a paru plus de 3.000 ouvrages spirites — parmi lesquels 46 journaux scientifiques en toutes langues — et que le nombre des spirites de race européenne dépasse déjà, dans le monde entier, le chiffre de 50 millions ! Et il faut y ajouter les 50.000 théosophes adeptes de Mme Blavatzky (1).

La raison pour laquelle ces choses ne sont pas objectivement appréciées par la plupart des personnes qui prétendent représenter la science exacte, c'est évidemment que nos « scientifiques » sont encore en grande partie sous l'influence de leurs préjugés, car il n'existe pas seulement des préjugés sots et des superstitions, mais certainement aussi des préjugés scientifiques. En présence de cet immense amas de maté-

(1) Von Werth ; *Moderne Magie* dans « Sphinx », 1895. p. 156.

riaux historiques, du témoignage écrasant de la génération
actuelle, et de l'obscurité de la théorie matérialiste de l' « al-
bumine pensante », on pourrait plutôt désigner les adversaires
du spiritisme comme des individus atteints du délire scientifique des grandeurs (1).

Dans les séances avec Miller, l'esprit contrôle Betsy se
présentait toujours à la fin et prononçait quelques paroles
d'adieu. Pendant toute la durée des séances, disait-elle, elle
devait prêter son aide aux esprits qui voulaient se matérialiser, attendu que cette opération est particulièrement difficile
pour les novices, et qu'il leur est plus difficile encore de
se présenter sous les traits qu'ils avaient sur la terre ; c'est
très compréhensible et chacun peut en faire l'épreuve sur lui-
même. Car lorsqu'on ne s'est pas regardé dans la glace depuis quelque temps, il devient généralement difficile de se
rappeler très exactement les traits de son propre visage ; à
plus forte raison pour un esprit, lorsque la personnalité a disparu ! J'ai fait, sous ce rapport, des constatations très intéressantes. Un monsieur que je connaissais très bien de son
vivant, et que je reconnus parfaitement à l'état d'esprit, se
présenta sans la barbe en pointe qu'il portait jadis. Sur l'ob-
servation que je lui en fis, il me répondit qu'il se le rappelait
de nouveau très bien, mais qu'occupé à se construire son
corps, il avait dû faire un très grand effort de mémoire pour
se remémorer tous les détails de son corps terrestre d'antan.

Betsy, à qui je voulus une fois tendre la main pour prendre
congé, me dit en riant qu'elle n'avait pas de bras ce jour-là ;
elle n'avait que la tête et la poitrine matérialisées ; c'est

(1) Hellenbach : *Aus dem Tagebuche eines Philosophen.* (Leipzig, O.
Muize, 1881. p. 209.)

tout ce qui lui était resté de force, parce que dans cette séance trop d'esprits s'étaient matérialisés.

Lorsqu'on lit les réflexions des adversaires du spiritisme, on est étonné de voir de pareilles gens avoir l'audace de porter un jugement. Presqu'aucun d'entre eux n'a jamais vu un véritable médium, ni expérimenté avec aucun ; ils ne peuvent donc entrer en lice. Leurs prétentions sont simplement risibles et d'autant plus risibles qu'ils nous les lancent de sommets olympiens plus élevés (Aksakow).

Le plus souvent on entend dire : « La communication transcendantale est contraire aux lois de la nature. » Et cependant Virchow a dit : « Ce que nous appelons lois naturelles est chose variable, parce que leur découverte est œuvre humaine et qu'elles ne répondent qu'à l'état actuel de nos connaissances. *De nouvelles découvertes viennent, à juste titre, modifier de fond en comble les lois existantes* et produisent dans les sciences naturelles les bouleversements si fréquents à notre époque (1) ».

Malheureusement, quand j'écrivis à Miller que le temps était venu de se préparer pour le voyage en France, il m'adressa, le 9 février 1906, la réponse suivante :

San-Francisco, Cal., 9 février 1906.

« Mon cher professeur Reichel,

« Je vous ai dit souvent que je pensais pouvoir arranger mes affaires de façon à me rendre à Paris à la mi-mars. Malheureusement, je n'y ai pas réussi. Je désire vendre mon fonds avec toutes les marchandises pour une somme d'au

---

(1) Communication de Virchow ; *Ueber Wunder* (Sur les miracles) à la réunion des naturalistes allemands à Breslau (18 septembre 1874). d'après une relation de la *Deutsche allgemeine Zeitung* du 22 septembre 1874.

moins 40.000 dollars, et aussi ma maison et son ameublement pour moitié de cette somme, car je pressens que mon séjour en Europe se prolongera au-delà de mes premières prévisions.

« J'espère très sincèrement que vos amis d'Europe comprendront la valeur de mes raisons pour reculer mon voyage; je dis « reculer », car je vous donne ici ma parole d'honneur que j'irai en Europe pour m'y rencontrer avec ces messieurs le plus tôt possible, à une date qui pourra être fixée de concert avec toutes les parties intéressées.

« Dans l'espoir, mon cher professeur, que ma réponse vous satisfera, et avec le regret de ce retard involontaire, je suis
    « Bien sincèrement votre
                                        « C. V. MILLER ».

Je télégraphiai aussitôt à M. de Rochas : « Remettez arrangements », et lui envoyai la lettre originale de Miller. Je regrette ce retard d'autant plus que je ne suis pas certain de me trouver encore aux Etats-Unis en automne, car j'ai l'intention d'aller visiter les îles Sandwich et le Japon.

Arrivé au terme de cette brochure, jetant un dernier coup d'œil en arrière, je puis dire que, dans mes voyages, le Caire, Monte-Carlo et la ville de Mexico (1) m'ont le mieux plu. Des amis m'ont affirmé que le Japon et Colombo (Ceylan) me plairaient tout autant.

Le Dr Huebbe-Schleiden (2) considère l'île Fernando-Pô, dans la baie de Biafra, comme la plus belle du monde ; mais le golfe de Guinée est ravagé de fièvres et, en dehors de l'Egypte, l'Afrique n'a guère d'attraction pour les personnes qui recherchent les phénomènes d'occultisme.

(1) Voyez la Postface.
(2) Huebbe-Schleiden ; *Ceylon* (Sphinx, 1895, p. 21).

POSTFACE

Nos lecteurs seront sans doute heureux d'être renseignés plus exactement sur le Mexique, car cette contrée est encore fort mal appréciée de beaucoup de personnes. Je suis étonné du développement qu'a pris ce pays actif depuis les derniers 50 ans, au point du vue économique et industriel, ainsi qu'à celui de l'exploitation minière.

De tous les états américains de langue espagnole, le Mexique est aujourd'hui le plus important. C'est un pays du plus grand avenir. Sous le sage gouvernement de son excellent président, âgé actuellement de 74 ans, le Mexique a pris un essor qui est unique dans l'histoire de l'Amérique espagnole. Il n'y a certainement pas de pays au monde, sauf peut-être le Japon, qui, dans les derniers cinquante ans, ait fait des progrès aussi extraordinaires, et presque merveilleux, à tous les points de vue, que cette grande république nord-américaine. Le tableau est tout autre si nous nous transportons, en esprit, de cinquante années en arrière. Des guerres sanglantes et des révolutions incessantes avaient conduit cette colonie jadis si florissante de la couronne espagnole aux bords de l'abîme. De l'année 1848 à 1857, le pays jouit, il est vrai, d'une certaine tranquillité, mais alors commencèrent les dissensions intérieures qui entraînèrent à la révolution et à l'intervention armée de l'Empire français.

En 1876, Porfirio Diaz fut élu pour la première fois président de la république. Il a conservé ces fonctions, la période de 1880 à 1884 exceptée, jusqu'à ce jour, et ce qui prouve que le peuple mexicain a su apprécier à leur valeur les services rendus par Diaz, c'est qu'il vient de réélire, et cela pour la septième fois, le vieil homme d'Etat.

Porfirio Diaz naquit, en 1830, à Oaxaca, dans le sud du Mexique, et choisit la carrière qui, dans les républiques espagnoles, conduit à la présidence. Simultanément avocat et soldat, il prit part de bonne heure aux luttes politiques et joua un rôle important dans la guerre contre les Français. Diaz est un homme d'une prudence et d'une énergie extraordinaires ; il vit ce qui manquait au pays : la paix et la tranquillité à tout prix, fallût-il les gagner par la rigueur et la sévérité les plus extrêmes.

Si nous envisageons l'état de prospérité du Mexique actuel, nous sommes obligé de dire que l'œuvre à laquelle le vieux président a consacré sa vie a été couronnée des meilleurs résultats. Il n'y a pas moins de vingt années, les caisses de l'Etat étaient encore vides, et personne ne voulait lui faire crédit. L'emprunt de 40 millions de dollars-or, récemment contracté par le gouvernement mexicain à New-York, prouve combien est devenue grande la confiance de l'étranger.

Il y a cinquante ans, un voyage au Mexique était encore chose dangereuse. Sur toutes les routes, même dans le voisinage immédiat des villes et dans beaucoup de villes, on volait et on assassinait alors. Il n'y avait ni chemins de fer, ni télégraphe, et à peine un trafic rudimentaire. Tout le pays était encore à cette époque peu sûr. Aujourd'hui, au contraire, le Mexique est peut-être le pays le plus sûr de l'Amérique. La vie, la propriété et tous les droits y sont actuellement aussi bien protégés que chez nous.

On juge souvent des progrès d'un pays par le développement des chemins de fer. En 1873, ils s'étendaient au Mexique sur une étendue de 335 milles. Le transport des voyageurs se chiffrait alors par 723.834 par an et les messageries transportaient 150.473 tonnes, pendant que les recettes générales n'atteignaient que 1.848.375 dollars. En 1900, les chemins de fer avaient au Mexique un développement de 8.460 milles transportaient environ 11 millions de voyageurs et 7 millions et demi de tonnes de marchandises et les recettes atteignaient 50 millions de dollars. Depuis 1900, une foule de lignes nouvelles ont été créées, des ponts de bois remplacés par des ponts en acier; la substruction de toutes les lignes a été améliorée et les meilleures locomotives et voitures de voyageurs ont été mises en service. Aujourd'hui, le Mexique a un réseau de chemins de fer moderne d'un développement d'environ 10.000 milles, et il ne faut pas oublier que, dans ce pays, la construction des lignes est liée à d'énormes difficultés matérielles.

Avec le développement des chemins de fer a marché parallèlement un développement presque unique du commerce et de l'industrie. Les principales industries du pays sont l'exploitation des mines et l'économie rurale ; de plus, d'année en année augmente le nombre des fabriques.

Alexandre de Humboldt disait déjà du Mexique qu'il serait un jour la « trésorerie du monde », et il semblerait bien que cette prévision du grand savant doive se réaliser. Les trésors d'argent et d'or de ce pays sont incommensurables. Certaines mines se distinguent par une teneur véritablement fabuleuse de métal précieux ; ainsi, par exemple, dans quelques mines de Pachuca on note, assez fréquemment, une teneur en argent de 6 livres par tonne, et même une teneur de 10 livres n'a rien d'extraordinare.

Les mines les plus riches et les plus grandes du Mexique

se rencontrent dans les territoires limités par les Cordillères de la Sierra Madre et s'étendant de la Sonora à Oaxaca. En 1903, on comptait au Mexique 1.892 mines en pleine exploitation, dont 309 d'argent, 102 d'or, 389 d'argent et d'or, et le reste de plomb, de cuivre, de fer, d'antimoine, de soufre, d'étain, de graphite et d'autres minerais.

L'année dernière, la valeur des produits d'exploitation des mines mexicaines ne fut pas inférieure à 150 millions de dollars. Dans cette somme énorme, l'argent entre pour plus de 82 millions de dollars, l'or pour 32.500.000, le cuivre pour 19.600.000 et le plomb pour près de 7 millions de dollars..

Le Mexique possède en outre des gisements de fer étendus. A Monterey, fonctionne un haut fourneau qui emploie plus de deux mille ouvriers et dispose d'un capital tout versé de 10 millions de dollars. La plupart des actions sont entre les mains d'Américains. Dans le voisinage de la ville de Durango, non loin de la station du chemin de fer international se dresse une énorme montagne de fer, qu'on a comparée, avec quelque raison, à la célèbre montagne d'Eisenerz, en Styrie. Cette montagne, qui a également excité l'étonnement d'Alexandre de Humboldt, s'élève à une hauteur de 650 pieds et présente sur une étendue d'un mille en nombre rond un immense dépôt de minerai de fer. Son diamètre transversal est d'un tiers de mille. Des investigations rigoureuses ont prouvé que, rien qu'au-dessus du niveau de la terre, cette montagne représente de 500 à 660 millions de tonnes de minerai, et au-dessous de la terre, il peut s'en trouver autant. Cette formidable masse de fer est en partie en la possession d'une société américaine qui a établi son usine tout près et paraît exploiter cet énorme dépôt d'une façon rationnelle.

Des treize millions environ d'habitants du Mexique, la moitié s'occupe encore d'économie rurale. Etant donnée la grande variété des conditions climatiques, il est facile de comprendre que le sol du Mexique porte presque toute les variétés de flore et de faune. Prenons, par exemple, la région située entre Puebla et Oaxaca, dans laquelle on se trouve transporté en peu d'heures d'une altitude de 7.000 pieds à une altitude de 1.700 pieds ; on y trouve tout d'abord toutes les productions des régions septentrionale et occidentale des Etats-Unis, tandis que, après un court déplacement, on se voit en présence des productions les plus grandioses des tropiques.

Sur les plateaux élevés et dans les contrées montagneuses, on cultive surtout les céréales, les légumes et autres végétaux de ce genre, tandis que les districts tropicaux produisent le café, la canne à sucre, le coton, le cacao, l'indigo, la vanille, le tabac et les fruits.

Le Mexique produit aujourd'hui, le seul Brésil excepté, plus de café qu'aucun autre pays du monde. L'année dernière, la récolte a été de 55 millions de livres.

Le tabac mexicain fait déjà une rude concurrence au cubain. C'est un fait bien connu, que chaque année de grandes quantités de tabac mexicain sont embarquées à Vera-Cruz et à Tampico à destination de Cuba et viennent de là en Europe et aux Etats-Unis sous la rubrique de « tabac fin de la Havane ».

Un autre facteur qui permet de juger du développement incroyable des industries, au Mexique, c'est l'augmentation de l'importation des machines. En 1892, l'importation de machines des Etats-Unis se chiffrait par 1.500.000 dollars ; l'année dernière, comme il a été dit plus haut, ce chiffre a dépassé 12 millions de dollars. Le Mexique possède aujourd'hui une industrie cotonnière très étendue. Un grand nombre de filatures et de tissages peuvent se mesurer avec les plus grands et les mieux installés des Etats-Unis, et cela à tous les points de vue, et le Mexique commence à exporter des cotonnades fabriquées dans le pays, vers les Indes occidentales, le centre et le sud de l'Amérique.

La population du Mexique se compose er. grande partie d'Indiens et de métis. Dans le sud du pays, des districts entiers sont peuplés de 99 pour cent d'Indiens, tandis que dans le nord et sur les hauts plateaux le blanc domine. Les Indiens du Mexique sont généralement un peuple bienveillant, très peu enclin au travail, mais n'ayant pas non plus de grands besoins. Ils ne sortent de leur bonne humeur habitable qu'après avoir bu plus que de raison de leur boisson nationale, la « pulque «, qui est préparée avec le suc fermenté de l'aloès.

Ce qui frappe beaucoup, c'est le grand amour et les grandes dispositions de toute la population pour la musique. La moindre petite ville a son orchestre municipal qui joue sur la place officiellement et à titre gratuit. Le dimanche, notamment, la musique ne cesse pas depuis le grand matin jusque tard dans la nuit. Les efforts des orchestres ordinaires sont très louables, et dans les grandes villes le concert donné sur la place constitue une véritable jouissance artistique. Ce qui est particulièrement intéressant, ce sont les orchestres d'Indiens, notamment les orchestres militaires du sud.

Le mexicain a un goût très prononcé pour la musique et les fleurs, pour les jardins bien ordonnés, les vêtements précieux, les bijoux, les beaux chevaux et les beaux équipages.

C'est ce que l'on remarque très nettement dans la capitale du pays ; ainsi en se promenant l'après-midi, sur le « Paseo de la Reforma «, on y voit s'établir un luxe tel que Paris seul peut-être l'offre encore. Toilettes des dames magnifiques, cavaliers, dans leurs beaux costumes national avec des broderies précieuses, harnachements surchargés de broderies d'argent et de cuirs artistement travaillés, vie intense de tout un peuple, tout cet ensemble forme un tableau inoubliable.

Mexico est aujourd'hui, sans contestation possible, une des villes les plus intéressantes et les plus belles du continent américain. Le mouvement des étrangers s'accroît chaque année et tout semble indiquer que Mexico deviendra un jour le Paris de l'Amérique. Les Allemands prennent une part prédominante au commerce de la ville et les plus grandes maisons d'affaires sont entre leurs mains.

De même que les relations économiques, les relations politiques entre l'empire allemand et Mexico sont aussi bonnes que possible. Tout récemment le président Porfirio Diaz a fait faire son portrait pour l'empereur Guillaume II, et la peinture, avant son envoi à Berlin, a été exposée pendant un jour dans les locaux de chacune des deux associations allemandes de Mexico. Cet évènement est important en ce sens que le président du Mexique a ici pour la première fois fait une démarche de ce genre auprès d'un chef d'état étranger. L'empereur Guillaume a du reste immédiatement témoigné sa reconnaissance en envoyant au président son propre portrait, peint exclusivement dans ce but et le représentant dans l'uniforme de feld-maréchal. Même l'Autriche, qui depuis les jours sinistres de l'empereur Maximilien avait cessé toutes relations avec le Mexique, les a reprises et a accrédité un ambassadeur auprès du gouvernement du Mexique.

Si l'on me demandait s'il est préférable d'émigrer aux Etats-Unis ou au Mexique, je répondrais : au Mexique. On y a, à mon avis, bien plus de chances de réussir qu'aux Etats-Unis.

Au commencement d'avril j'avais envoyé le manuscrit de ce livre à M. Oswald Mutze, lorsque survint, le 18 avril, l'effroyable catastrophe de San Francisco. Comme l'éditeur désire qu'une relation de celle-ci soit annexée au livre je ne puis faire mieux que de faire imprimer à la suite une lettre que j'ai adressée sur ce sujet au professeur Maier, à Tubingue.

« Hollywood, 26 mai 1906.
« South California.

« Très honoré Monsieur le Professeur,
« Le 19 mai je vous écrivais de San Francisco quelques lignes, avec la promesse de vous faire parvenir une relation détaillée, dès que j'aurais quitté cette cité de mort. Je n'en supportai l'aspect que trois jours, craignant pour mon esprit que tant de personnes ont perdu ici. Il me faut faire un grand effort pour décrire la catastrophe des 18 et 19 avril et ses suites ; je pense cependant que le récit d'un témoin oculaire de cette désolation — j'ai revu San Francisco juste 4 semaines après, le 19 mai — vous intéresserait ainsi que les lecteurs de *Psych. Studien.*
Comme je vous l'ai écrit, je me trouvais le 18 avril depuis

environ 4 semaines dans le sud de la Californie, où jamais
encore il n'y a eu de graves tremblements de terre. De temps
à autre la terre tremble bien, mais c'est ce qu'on appelle des
tremblements de terre froids, occasionnés par la dessiccation
et la contraction des couches profondes de la terre, et ne
ressortissant pas à une origine volcanique; on y est habitué,
et comme la plupart des maisons sont construites en bois et
résistent à un tremblement de terre, on observe rarement
des dégâts. Les journaux de New-York ont raconté bien
des choses absurdes, reproduites ensuite dans des journaux
allemands. Ainsi on disait que l'île Santa Catalina, où je me
trouvais, avait disparu et que *le port de mer* Los Angeles
avait été englouti par un raz de marée, comme jadis Gal-
veston sur le golfe du Mexique. Mais Los Angeles est à une
distance de 18 milles de l'Océan.

Le 16 mai je m'embarquai sur un vapeur de la « Pacific
Coast Steamship Comp., » pour me rendre de Santa Barbara à
San Francisco. Un accident de chemin de fer, arrivé à la
station Santa Margarita, en novembre précédent, et dans
lequel il y avait eu 2 morts et 11 blessés, — j'en avais été
quitte pour la peur — cet accident, dis-je, m'avait enlevé
le goût de me servir de cette ligne. Le 17 mai, à 4 heures de
l'après-midi, nous atteignîmes la baie de San Francisco. Le
Cliffhouse, qu'on voit peu après avoir franchi le Golden Gate, est encore debout et les lions de mer continuent à
se chauffer au soleil, sur les rochers qui surgissent vis-à-vis
du Cliffhouse, et le ciel d'un bleu d'azur se reflète comme
toujours dans les légères rides des vagues miroitantes de cette
baie magnifique. On voit Oakland, Berkeley, Alameda, etc.
comme d'habitude briller, semblables à des perles, sur les
pentes montagneuses ; enfin notre bateau double la dernière

saillie de la montagne et voici San Francisco, c'est-à-dire la place où il se trouvait !

Déjà de loin l'aspect est terrible : un amas de ruines qui, après 4 semaines écoulées, laissent encore échapper de la fumée çà et là. Même la jetée, où atterrit notre bateau, est à moitié brûlée et le « Spokane » sur lequel je voyageai en 1905 en Alaska, est amarré à la jetée et transformé en hôtel, car il n'en reste pas un seul à San Francisco.

Bulwer raconte comment Glaucus, Ione et Nydia errèrent dans les ruines de Pompéi ; ainsi l'on voit errer une foule de gens dans San Francisco à la recherche d'amis et de connaissances, le plus souvent en vain, car près des trois quarts de la ville sont un amas de cendres et environ 250.000 personnes ont, dit-on, déjà quitté San Francisco. Quant au nombre des morts, on ne pourra sans doute jamais le connaître exactement. On compte 500 à 2.000 personnes ; elles sont brûlées, carbonisées, enterrées sous les décombres ! Des témoins oculaires de cette effroyable catastrophe m'ont dit qu'aucune plume ne saurait décrire ces scènes terribles, lorsque le 18 avril, à 5 heures 15 du matin, les habitants furent arrachés au sommeil par les premières secousses et que les maisons s'écroulèrent par dessus leurs têtes. Vingt mille bâtiments et dans le nombre les grands magasins et les édifices des millionnaires dans le quartier commerçant de la cité, ont été détruits. Comme suites les plus immédiates, des incendies éclatèrent de toutes parts, incendies que les pompiers ne purent combattre par suite de la rupture des conduites d'eau.

Parmi les magnifiques édifices détruits j'indiquerai la maison municipale, qui avait coûté environ 7 millions de dollars, le Palace Hôtel, la maison du Call, du Chronicle, de l'Examiner, les édifices de la poste, l'édifice Hobart, le grand Opéra, le Lick House, le Nevada Bank Block, le Saint Francis Hôtel, le Mark Hopkins Museum avec tous ses trésors d'art, etc. L'intéressante ville chinoise a disparu. Pendant des heures on ne rencontre que des monceaux de décombres et beaucoup de maisons restées debout, mais entièrement brûlées à l'intérieur. Les flammes s'élançaient, parait-il, à une hauteur de 200 pieds et la nuit on y voyait comme en plein jour.

J'ai été saisi d'admiration et de respect en voyant comment les Etats-Unis savent secourir. Sans interruption les trains arrivent de toutes les directions à Oakland avec des provisions ; car il y a à nourrir gratuitement environ 400.000 personnes et on y a réussi ! Je me mis moi-même à la queue avec les nécessiteux, comme des milliers d'autres quotidiennement, pour recevoir gratuitement de la viande, des pommes de terre, du lait, des biscuits secs, car personne n'avait de l'argent, les banques n'étant autorisées à ouvrir leurs comptoirs (vaults) que 4 semaines après, quand ils se trouveraient suffisamment refroidis, et il n'existait plus de maisons de commerce, où l'on pût acheter quoi que ce soit.

San Francisco sera reconstruit ; cette reconstruction peut prendre de 5 à 10 ans. Le service des eaux sera mieux installé, — puis on oublie si vite ! J'ai entendu des personnes dire que cette effroyable catastrophe avait été une punition divine, San Francisco étant devenu très immoral. Certes, à San Francisco, comme dans tous les ports de mer, les mœurs étaient passablement relâchées. Presque tout le commerce du Japon, de la Chine, des Iles de la Sonde, de l'Australie, etc., avec les Etats-Unis, passe par San Francisco. Une partie seulement passe par Seattle et Vancouver, et partout où tant de nationalités se heurtent, les choses ne se passent généradement pas d'une façon très morale.

Davis dit : « Dieu ne peut transgresser les lois établies par lui-même : Mais jamais une raison finie comprendra l'infini ! Dans ma relation de voyage, je me suis prononcé pour l'inexistence de la liberté humaine ; tout en répétant une fois de plus que toute communication spirite doit être reçue avec un esprit critique, je tiens à faire connaître l'opinion d'un désincarné au sujet d'une semblable catastrophe. J'ai fréquemment été en rapport avec cet esprit et ses déclarations étaient loin d'être banales. Je crois bien que c'était en 1894 ; un grand steamer avait péri corps et bien ; je demandai à cet esprit pourquoi Dieu n'avait pas sauvé une seule personne ? Il répondit que le navire ainsi que tous les passagers étaient prédestinés à la mort ce jour là et à la mort par l'eau. Tous les passagers ont été amenés à se trouver sur ce bateau, dont le naufrage était prédéterminé dès le jour de son lancement ; tous devaient périr avec ce navire et, comme dit Du Prel, subir le sort choisi par eux-mêmes. Cependant je n'aime pas beaucoup m'occuper d'hypothèses.

En ce qui concerne Miller, sa maison avec tout ce qu'elle contenait a été brûlée de fond en comble. L'ancienne Bush-street n'est plus qu'un affreux amas de ruines. Un de ses employés, que je trouvai, me dit que Miller avait reçu une lettre de son père, lui apprenant que sa mère était mortellement atteinte et qu'il devait se rendre à Nancy s'il voulait la revoir une fois encore. Miller est très attaché à sa mère et il est parti pour Nancy le 12 avril. Je lui écrivis pour l'engager à aller voir M. de Rochas ; mais je ne sais si la nouvelle des pertes qu'il a subies à San Francisco n'a pas ébranlé son système nerveux et s'il est capable de donner des séances.

NOTE DU TRADUCTEUR

Miller est venu à Paris où il a donné des séances sur invitations dans des maisons particulières, notamment chez M. Gaston Méry, chez la vénérée doyenne des société kardécistes, Mme Nœggerath, et chez M. Letort. M. Letort était chargé d'organiser les soirées et de grouper les notabilités intellectuelles capables de comprendre et d'apprécier les phénomènes de la matérialisation des esprits. Ses comptes rendus prouvent que le grand médium ne fut pas au dessous de sa réputation. Quant à M. Gaston Méry, il a parlé de Miller et de ses phénomènes dans l' « Echo du merveilleux » avec la libre indépendance qui le caractérise et s'est prononcé favorablement. M. Gaston Méry ne peut pas dire qu'il n'a pas vu des esprits ; il en a vu et il est certain qu'il n'y avait aucun truquage. Quels sont ces êtres vaporeux qui peuvent un instant vivre de la vie des mortels, parler, chanter, varier leurs costumes ? Il n'en sait rien, mais il en cherchera l'origine, la cause, la raison, la nature. En attendant qu'il puisse formuler une opinion définitive, il exprime franchement sa pensée. Une pensée des plus rassurantes : le diable n'est pour rien dans la production de ces faits.

Saint-Amand (Cher). — Imp. Em. Pivoteau et fils.

Impr. Em. Pivoteau et Fils
Saint-Amand
(Cher)